Monika A. Pohl

W0228701

30 Minuten

Intuition

Die Deutsche Nationalbibliothek verzeichnet diese Publikation
in der Deutschen Nationalbibliografie; detaillierte bibliografi-
sche Daten sind im Internet über http://dnb.d-nb.de abrufbar.

Umschlaggestaltung: die imprimatur, Hainburg
Umschlagkonzept: Martin Zech Design, Bremen
Autorenfoto: Christian Liepe & Team, Bonn
Lektorat: Eva Gößwein, Berlin
Satz: Zerosoft, Timisoara (Rumänien)
Druck und Verarbeitung: Salzland Druck, Staßfurt

Hinweis:
Das Buch ist sorgfältig erarbeitet worden. Dennoch erfolgen alle
Angaben ohne Gewähr. Weder Autorin noch Verlag können für
eventuelle Nachteile oder Schäden, die aus den im Buch gemach-
ten Hinweisen resultieren, eine Haftung übernehmen.

Printed in Germany

ISBN 978-3-86936-768-2

In 30 Minuten wissen Sie mehr!

Dieses Buch ist so konzipiert, dass Sie in kurzer Zeit prägnante und fundierte Informationen aufnehmen können. Mithilfe eines Leitsystems werden Sie durch das Buch geführt. Es erlaubt Ihnen, innerhalb Ihres persönlichen Zeitkontingents (von 10 bis 30 Minuten) das Wesentliche zu erfassen.

Kurze Lesezeit
In 30 Minuten können Sie das ganze Buch lesen. Wenn Sie weniger Zeit haben, lesen Sie gezielt nur die Stellen, die für Sie wichtige Informationen beinhalten.

- Alle wichtigen Informationen sind blau gedruckt.

- Schlüsselfragen mit Seitenverweisen zu Beginn eines jeden Kapitels erlauben eine schnelle Orientierung: Sie blättern direkt auf die Seite, die Ihre Wissenslücke schließt.

- *Zahlreiche Zusammenfassungen innerhalb der Kapitel erlauben das schnelle Querlesen.*

- Ein Fast Reader am Ende des Buches fasst alle wichtigen Aspekte zusammen.

- Ein Register erleichtert das Nachschlagen.

Inhalt

Vorwort

Alles, was wirklich zählt, ist Intuition.
Der intuitive Geist ist ein heiliges Geschenk,
der rationale Geist ein treuer Diener.
Wir haben eine Gesellschaft, die den Diener ehrt
und das Geschenk vergessen hat.
(Albert Einstein)

Intuition ist weitaus mehr als eine unterschwellige Ahnung, die sich in einem Bauchgefühl äußert, das sich mühsam interpretieren lässt. Intuition ist eine Beziehung zu unserer inneren Weisheit, die von Natur aus in uns angelegt ist. Sie stellt die Verbindung zwischen unserem Verstand und unserem Körper als Resonanzorgan her und ist die entscheidende Quelle für Erfolg und Erfüllung.

Einmal erkannt und achtsam gedeutet, kann die Intuition eine Art Kompass für alle Lebenslagen sein. Sie warnt uns vor möglichen Gefahren und versetzt uns in die Lage, auf unsere Bedürfnisse zu hören und besser für uns selbst zu sorgen. Wie unser Atem, der uns ein Leben lang begleitet, ist auch unsere Intuition jederzeit für uns zugänglich. Wenn wir einmal den Zugang aus dem Fokus verlieren, dann liegt es vermutlich daran, dass wir uns zu sehr in äußeren Aktivitäten, im Strudel des Alltags verstrickt haben und unseren Gefühlen und inneren Impulsen keinen Raum mehr geben. Oder es liegt daran, dass uns unsere Angst davon abhält, den intuitiven Sinn einzusetzen, weil wir in der Tiefe unseres Herzens schon längst erkannt haben, dass unser momentanes Handeln uns weg von unseren Sehnsüchten und Zielen führt. Eine zusätzliche Bestätigung wäre da nur allzu schmerzhaft. Also blenden wir sie lieber aus.

Mit diesem Ratgeber möchte ich Sie auf eine ganz persönliche Reise zu Ihrer eigenen Intuition mitnehmen. Packen Sie gleich eine Prise Offenheit und Neugier in Ihr Gepäck. Wir werden uns dem sechsten Sinn langsam nähern, ihn spielerisch erkunden und seinen Nutzen achtsam ausloten. Sie werden erfahren, wie Intuition und Selbstbestimmung zusammenhängen, wie sie Ihre Außenwirkung auf andere Menschen stärkt und zugleich Ihre mentale und körperliche Gesundheit fördert. Mit etwas Übung werden Sie lernen, Ihre Intuition wie Ihre E-Mails „abzurufen", sie richtig zu interpretieren und mit ihrer Hilfe im Kleinen und im Großen stimmige Entscheidungen für Ihre Lebensgestaltung zu treffen.

Es ist mir eine Freude, Sie auf dieser Reise zu begleiten!

Ihre
Monika Alicja Pohl

Für Alexander

30 MINUTEN

1. Kopf und Bauch: eine Allianz

Gehen Sie einmal mit geschlossenen Augen durch den Raum, in dem Sie sich gerade befinden. Sie werden sicher schnell feststellen, dass Ihnen etwas fehlt, um sich in Ihrer Umgebung zurechtzufinden. Vermutlich werden Sie Ihr Gehtempo drosseln und Ihre Arme dazu einsetzen, sich entlang der Wand oder der Gegenstände zu bewegen.

Die Natur hat uns mit den fünf bekannten Sinnen ausgestattet: dem Sehen, dem Hören, dem Riechen, dem Schmecken und dem Fühlen. Sie alle sind sehr wertvoll, um sich in Raum und Zeit und auch in der Kommunikation mit sich selbst und anderen zu orientieren. Der Verlust von einem dieser Sinne, und sei es auch nur kurzzeitig, führt uns aufs Glatteis. Plötzlich fehlt etwas Entscheidendes, das sich nur schwer kompensieren lässt.

Wer sich das bewusst macht, versteht auch, warum es eine enorme Bereicherung ist, einen weiteren, sechsten Sinn für sich und seine Orientierung nutzen zu können: die Intuition.

1.1 Der innere Vermittler

Einer muss es ja machen! Die Vorstellung von einem inneren Vermittler, der fleißig zwischen unseren Gedanken und Gefühlen hin- und herschaltet, vergleicht, verbindet und aussortiert, ist gar nicht so abwegig. Sie werden im Verlauf dieses Buches erfahren, was für eine herausfordernde Aufgabe dieser kleine Vermittler zu bewältigen hat und wie wertvoll seine Leistung für Ihr Wohlbefinden ist. Vielleicht werden Sie ihn später mit Orden behängen oder als Belohnung mit Schokolade füttern. Aber zuvor begeben wir uns an die erste Station unserer gemeinsamen Reise und wenden uns den Grundlagen zu.

Was ist Intuition?

Bei der Intuition handelt es sich eindeutig um den sechsten Sinn, und vielleicht ist dies auch der wichtigste, der allen anderen Sinnen übergeordnet ist. Denn die Intuition verbindet die Ratio, den Verstand, mit unserem Bauchgefühl. Unser „Bauchhirn", wie es die Wissenschaftler bezeichnen, ist eine zentrale Sammelstelle bewusster und unbewusster Impulse unseres Körpers. Hier treffen zum einen Gefühle, zum anderen im Unterbewusstsein gespeicherte Erfahrungen und unser Instinkt aufeinander. Gefühle und die damit verbundenen Körperempfindungen prägen unser Leben und begleiten uns stets durch den Tag. Positive Erfahrungen bringen wir in Zusammenhang mit angenehmen Körperempfindungen und negative in der Regel mit Unwohl-sein.

Diese Abläufe sind uns manchmal bewusst, meist je-doch laufen sie unbewusst im Hintergrund ab und wer-den in den Körperzellen wie auf einer Festplatte ge-speichert. In vergleichbaren Situationen bieten sie uns einen Erfahrungsschatz, aus dem wir schöpfen können, sofern wir in der Lage sind, diese Botschaften zu ent-schlüsseln. Um herauszufinden, ob sich die aktuelle Lage gut anfühlt und zum Verweilen einlädt oder eher schlecht, sodass wir sie möglichst schnell verlassen sollten, hilft ein achtsames Lauschen nach innen. Acht-samkeit ist der Schlüssel zu unserer Schatzkiste, die Interpretation folgt erst im zweiten Schritt. Menschen, die ähnliche Erfahrungen gemacht haben, können diese jeweils ganz unterschiedlich bewerten. Auf der Grund-lage unserer Prägung können Entscheidungen völlig anders ausfallen als erwartet. Dagegen gibt es nichts einzuwenden, solange sich die Entscheidung für denje-nigen, der sie trifft, richtig anfühlt. Denn derjenige ist es auch, der die Verantwortung für das Ergebnis und eventuelle Folgen der Entscheidung übernimmt.

Der Instinkt dagegen ist eine genetische Programmie-rung, die auf natürliche Weise unser Überleben und unsere Fortpflanzung steuert. Leider glauben Men-schen, die sich nie näher mit der Intuition beschäftigt haben, sie sei mit dem Instinkt gleichzusetzen. Dem ist jedoch nicht so. Während der Instinkt bei Vertretern einer Spezies miteinander übereinstimmt, ist die Intuition auf unsere individuellen momentanen Bedürfnisse ausgerichtet.

Wissenswertes: Im Sport und in der Therapie herrscht seit einigen Jahren ein reges Interesse an den sogenannten „Faszien". Faszien sind Bindegewebshäute, die alle Körperstrukturen umhüllen und miteinander vernetzen. Sie sorgen für Form und Stabilität des Körpers, spielen eine Schlüsselrolle bei der Bewegungskoordination und sind maßgeblich an der Speicherung von Bewegungsimpulsen beteiligt. Da sich in den Faszien Sensoren der Tiefensensibilität befinden, wird dieses Wundernetzwerk des Körpers von Forschern nicht zu Unrecht als ein weiteres Sinnesorgan betrachtet.

Ihr Intuitionsprofil

Stellen Sie sich vor, Ihre Koffer sind gepackt und Sie stehen mit Ihrem Ticket am Hauptbahnhof. Das Ziel der Reise ist klar. Die Frage ist nur, ob Sie einen Intercity-Express, einen Regional-Express oder eher eine Regionalbahn wählen sollten. Genau an diesem Punkt befinden Sie sich nun auf Ihrer Reise zu Ihrer Intuition.

Um Ihren Status quo in puncto Bauchgefühl zu bestimmen, lade ich Sie daher zu einem kleinen Test ein. Wie ausgeprägt Ihre innere Stimme ist und wie sehr Sie bereits auf sie vertrauen, verraten Ihnen folgende 15 Fragen. Antworten Sie bitte spontan mit:

• Ja (= 1 Punkt),
• Vielleicht/Manchmal (= 2 Punkte) oder
• Nein (= 3 Punkte).

Wie steht es um Ihr Bauchgefühl?	Punkte
Sie können Ihre Bedürfnisse klar von den Bedürfnissen anderer unterscheiden.	
Sie leben ein Leben nach Ihren eignen Vorstellungen.	
Ihr Bauchgefühl ist Ihnen vertraut.	
In Kontakt mit sich selbst zu sein, fällt Ihnen nicht schwer.	
Bei Aussagen von anderen können Sie die Botschaft zwischen den Zeilen lesen.	
Sie erkennen leicht, wenn Sie jemand anlügt.	
Sie spüren, ob ein Mensch Sie mag oder ablehnt.	
Sie erkennen schnell, in welcher Beziehung Menschen zueinander stehen.	
Sie sorgen gut für sich.	
Sie können Stimmungswechsel innerhalb einer Gruppe im Vorfeld erkennen.	
Sie werden häufig von anderen um Rat gefragt.	
Sie kennen das Gefühl, immer wieder am richtigen Ort zur richtigen Zeit zu sein.	
Sie wissen um Ihre Stärken und Schwächen.	
Freunde oder Kollegen beneiden Sie um Ihre positive Ausstrahlung.	
Gelassenheit ist für Sie kein Fremdwort.	
Gesamtpunktzahl:	

Für die Testauswertung berechnen Sie Ihre Gesamtpunktzahl.

15-20 Punkte: Gratuliere, Sie sind eine Intuitionsgranate! Wenn Sie dieses Buch lesen, dann um Bekanntes aufzufrischen oder um etwas Hintergrundwissen zu erlangen. Für Sie ist der ICE genau richtig.

21-30 Punkte: Gar nicht schlecht, der sechste Sinn ist Ihnen nicht fremd. Jedoch bewegen Sie sich noch etwas unsicher auf diesem Terrain. Nutzen Sie diese Lektüre, um vorhandenes Wissen zu stärken und neue Erfahrungen zu sammeln. Sie werden Ihnen helfen, die Intuition im Alltag gewinnbringend für sich einzusetzen. Ein Regional-Express ist für Sie eine gute Wahl: Ab und zu innezuhalten und manche Inhalte zu vertiefen, bringt Sie gut und sicher ans Ziel.

31-45 Punkte: Aufgepasst, Intuition gehört noch nicht zu Ihren Stärken. Da Sie aber dieses Buch in der Hand halten, scheint der Bedarf da zu sein. Um sich Ihrer intuitiven Fähigkeiten bewusst zu werden und ihren Nutzen zu entdecken, machen Sie sich das Abhören Ihrer inneren Botschaften in den kommenden Wochen zum Ritual, ganz so, als ob Sie Ihre E-Mails abrufen oder den Anrufbeantworter abhören. Sobald Sie wiederholt erlebt haben, wie wertvoll dieses Vorgehen ist, werden Sie es in Ihren Alltag integrieren und nicht mehr missen wollen. Das Hinhören auf Ihre Intuition wird Ihre Lebensqualität positiv verändern. Steigen Sie am besten beschwingt in die nächste Regionalbahn, lesen Kapitel für Kapitel und genießen von Zeit zu Zeit einen Ausblick aus dem Fenster, in dem sich das neu Erlernte verankern darf. Betrachten Sie Ihre Mitreisenden als erste Übungspartner.

Was der Darm kann

Wussten Sie, dass 95 Prozent unseres körpereigenen Serotonins in Darmzellen produziert werden? Serotonin ist im Volksmund auch als Glückshormon bekannt. Neben den guten Gefühlen steuert es auch unser Schmerzempfinden. Je mehr Serotonin, desto unempfindlicher reagieren wir auf Schmerzreize.

Spätestens nach dem Erfolg des Bestsellers von Giulia Enders, „Darm mit Charme", wissen wir, dass der Darm ein weit unterschätztes Organ ist. Vieles, was im Darm passiert, gelangt als Information ins Gehirn. Eine wesentliche Rolle scheint dabei der Nervus vagus, der größte Nerv des Parasympathikus, zu spielen. Er ist der schnellste Weg vom Darm zum Hirn. Die Wissenschaft arbeitet mit Hochdruck daran, den Zusammenhang zwischen Darm und Hirn zu entschlüsseln. Inzwischen liegen zahlreiche Forschungsergebnisse vor, die darauf schließen lassen, dass eine gesunde Darmflora eine positive Auswirkung auf unser Gemüt hat, während hingegen destruktive Gefühle wie Stress unser Darmmilieu negativ beeinflussen.

Die Vermutung, dass der Darm als unser größtes sensorisches Organ unsere Gefühle steuert, hat gerade für Menschen, die an Depressionen leiden, eine große Bedeutung. Früher wurde die Ursache für psychische Erkrankungen nur im Gehirn gesucht, mittlerweile ist man schlauer und dazu übergegangen, die Psyche mit der Ernährung und dem Darm in Verbindung zu bringen.

Die Tatsache, dass der Darm und das Gehirn von Geburt an, vermutlich auch schon früher, miteinander kooperieren, lässt sich an einem einfachen Beispiel belegen: Säuglinge lieben das wohlige Gefühl, satt zu sein, beschweren sich bei Hunger und quengeln, wenn Blähungen sie quälen. Signale aus dem Bauch gelangen ins Hirn und führen dazu, dass ein Säugling seinen Unmut äußert oder sein Wohlbefinden zum Ausdruck bringt, indem er nach einer Mahlzeit zufrieden einschläft.

Entspannungsmodus

Unser Leben ist oftmals geprägt von Eile. Manchmal könnte man glauben, im Stress zu sein sei heutzutage „in". Tägliche Herausforderungen zu meistern, ohne dabei sich selbst aus dem Fokus zu verlieren, erscheint beinahe unmöglich. Und doch ist es absolut notwendig, gerade heute in der schnelllebigen und komplexen digitalen Welt, sich Auszeiten zu gönnen und auf eigene Bedürfnisse einzugehen. Wem das langfristig nicht gelingt, dem droht das Burn-out.

Mit der Intuition verhält es sich ähnlich: Um überhaupt Signale aus unserem Innern wahrzunehmen, ist ein entspannter Zustand notwendig. Um diesen anzubahnen, gibt es viele Mittel und Wege. Entweder Sie üben eine Ihrer Lieblingstätigkeiten aus, die Sie in den Modus der inneren Zufriedenheit und Ruhe führt, oder Sie setzen dazu gezielt eine Übung ein. Eine kleine Auswahl an praktischen Übungen, die wenig Zeit erfordern und gleichzeitig für eine entspannte und wache Präsenz sorgen, habe ich Ihnen hier zusammengestellt:

Übung: Wechselatem
Stellen oder setzen Sie sich bequem und dennoch aufrecht hin. Bilden Sie mit dem Zeigefinger und dem Daumen Ihrer dominanten Hand ein V.

Atmen Sie tief ein und schließen Sie in der Atemfülle mit dem Daumen sanft ein Nasenloch. Atmen Sie auf der anderen Seite lang und ruhig aus und entspannt und tief wieder ein.

Dann lösen Sie den Daumen und schließen zeitgleich mit dem Zeigefinger sanft das andere Nasenloch. Sie atmen wieder aus und in gleicher Weise ein.

Behalten Sie diese Atemweise, die im Yoga Wechselatem genannt wird, für mindestens gefühlte drei Minuten bei. Gedanken, die dabei auftauchen, lassen Sie wie Wolken am Himmel an Ihnen vorüberziehen, ohne sie aufzugreifen. Nehmen Sie stattdessen wahr, wie Sie mit jedem Atemzug tiefer in die Entspannung kommen.

Übung: Schulter-Nacken-Entspannen
Stellen oder setzen Sie sich bequem und dennoch aufrecht hin. Atmen Sie laut seufzend mehrmals aus. Bringen Sie Ihre Schultern mit dem Einatmen nach oben und mit dem Ausatmen nach unten.

Spüren Sie bewusst in den Schulter-Nacken-Bereich hinein und wiederholen Sie die Bewegung synchron zum Atem, bis sie weich und fließend wird.

Dann lassen Sie beide Schultern langsam nach hinten kreisen. Schöpfen Sie dabei die Beweglichkeit des Gelenks aus, indem Sie die Bewegung möglichst groß ausführen.

Schließen Sie Ihre Augen und zeichnen Sie mit Ihrer Nase eine liegende Acht nach, erst langsam in die eine Richtung, dann in die andere. Bleiben Sie dabei, solange es angenehm für Sie ist.

Nehmen Sie einige tiefe Atemzüge und lassen Sie bei der Ausatmung bewusst die Spannung aus Ihrem Körper entweichen, wie durch ein Ventil.

Übung: Ruhe im Sturm

Stellen oder setzen Sie sich bequem und dennoch aufrecht hin. Schließen Sie für die Zeit der Übung Ihre Augen. Atmen Sie gleichmäßig und ruhig, möglichst tief in den Bauch hinein. Visualisieren Sie eine Art Sturm, der um Sie herum tobt. Es gibt eine Menge zu tun und vielleicht auch einige belastende Angelegenheiten, die Ihnen aktuell schwer im Magen liegen. Alle diese Dinge finden jetzt Platz im Sturm. Sie dagegen sitzen im Auge des Orkans, einer ruhigen und windstillen Zone.

Auf diese Weise schaffen Sie den notwendigen Abstand zu den Alltagssorgen und belastenden Gedanken, finden Zeit zum Durchatmen und um sich zu entspannen.

Den sechsten Sinn aktivieren

Im Entspannungsmodus lässt sich die Intuition am besten einsetzen. Belastende und damit störende Impulse werden ausgeblendet und Sie können sich wesentlich fokussierter auf das Fühlen nach innen einlassen. Nehmen Sie sich im Zustand der Entspannung etwas Zeit, um Ihren momentanen Gemütszustand wahrzunehmen:

- Wie geht es Ihnen jetzt?
- Können Sie den Augenblick genießen oder stehen Sie schon in den Startlöchern für die nächste Aktivität?
- Ist Ihr Kopf voller Gedanken oder zunehmend im Leerlauf?
- Fließt Ihr Atem ruhig und entspannt?

Nutzen Sie regelmäßig die Frage nach Ihrem Wohlbefinden, um Ihre Antennen nach innen zu richten. Damit aktivieren Sie bewusst Ihren sechsten Sinn. Was sich daraus ergibt, erfahren Sie in den nächsten Kapiteln. Es bleibt also spannend!

Der innere Vermittler ist fleißig zwischen unserem Verstand und unseren Gefühlen tätig. Er hilft uns, in Kontakt mit unserer Intuition zu kommen. Ein intuitiver Zustand braucht Raum, um sich zu entfalten. Gehen Sie daher gezielt in den Entspannungsmodus und stellen Sie sich die Frage nach dem eigenen Wohlbefinden. So aktivieren Sie Ihren sechsten Sinn.

1.2 Die Grenzen des Verstands

Unser innerer Vermittler überwacht ununterbrochen ein neuronales Netzwerk, das das Kopfhirn mit dem Bauchhirn verbindet. Erstaunlicherweise werden weitaus mehr Informationen von unten nach oben übertragen als umgekehrt. Mehr als 100 Millionen Nervenzellen bilden in unserem Verdauungssystem die Grundlage für unser Bauchgefühl. Während unser Verstand eine vergleichsweise geringe Anzahl an komplexen Zusammenhängen überblicken kann, ist der Bauch durch seine unglaubliche Menge an Erfahrungen aus dem Unterbewusstsein viel flexibler und daher in der Lage, auch bei einem komplexen Problem eine passende Lösung zu finden. Ein Vergleich mit einem Eisberg verdeutlicht das Potenzial, das uns tatsächlich zur Verfügung steht: Unser Bewusstsein ist die Eismasse, die aus dem Wasser ragt. Diese Menge an Eis ist verhältnismäßig gering. Weitaus mehr Eis befindet sich unter Wasser – dieser Teil des Eisbergs steht symbolisch für das Unterbewusstsein.

Treffen wir Entscheidungen rein rational, ohne sie mit unserem Bauchgefühl abzugleichen, kann es zu einer Diskrepanz zwischen den beiden Institutionen kommen. Was dann folgt, ist das ungute Gefühl, gegen irgendeine unbekannte Regel verstoßen zu haben. Oft gelingt es uns nicht, dieses Gefühl näher einzuordnen, weil die Verbindung zum Bauch und damit zu den emotionalen Inhalten nicht klar ist. Unser Verstand ist begrenzt.

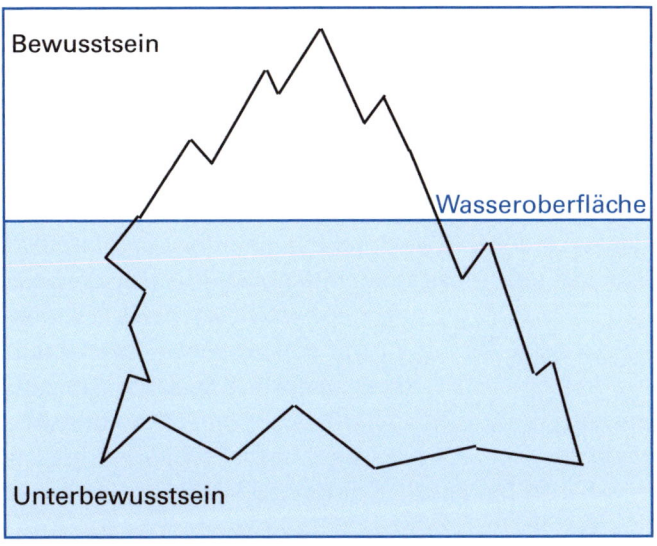

Bewusstsein

Wasseroberfläche

Unterbewusstsein

Der Eisberg als Sinnbild für unser intuitives Potenzial

Entscheiden wir aber nur aus dem Bauch heraus, ohne den Kopf zu fragen, wie Verliebte es gerne tun, können wir ebenfalls danebenliegen und es später bitter bereuen. Was sollten wir also tun? Am besten wir befragen beide: Kopf und Bauch. Das bedeutet, Sie denken über eine Lösung nach und gleichen diese Lösung dann mit Ihrem Bauchgefühl ab. Reichen sich beide Instanzen die Hand, kommt es zu einer intuitiv stimmigen Entscheidung. Diese fühlt sich in der Regel gut für Sie an und zugleich sprechen rational zum Zeitpunkt der Entscheidungsfindung keine Einwände dagegen. Wer dabei wem eventuell etwas entgegenkommt, ob der Kopf dem

Bauch oder der Bauch dem Kopf, ist situationsabhängig, und es braucht manchmal etwas Zeit, um dies auszuhandeln. Das bringt uns zur nächsten Station unserer Reise:

Intuition ist nicht zwangsläufig spontan

Entgegen der weitverbreiteten Meinung kann Intuition spontan sein, muss es aber nicht. Manche Entscheidungen müssen an Ort und Stelle gefällt werden. Da kommt es auf Schnelligkeit an, auf den ersten Impuls. Gerade am Anfang Ihrer Reise ist es jedoch günstig, wenn Sie etwas mehr Zeit haben und den Prozess aktiv angehen. Nickt der Kopf die Entscheidung ab, fühlen Sie kurz in den Bauch hinein: Gibt es keinen Widerspruch, haben Sie Ihr Ziel erreicht. Im Falle eines Widerspruchs braucht die Problemlösung dagegen eine Art „Inkubationszeit" und ein tieferes Verständnis der Situation. Schalten Sie dann eine Tätigkeit zwischen, die Sie entspannt. Das kann ein Spaziergang in der Natur sein, eine kreative Tätigkeit oder eine der im Kapitel zuvor vorgestellten Übungen. Es ist falsch, zu glauben, dass Intuition immer und überall spontan funktionieren muss. Manche Lösungen brauchen Zeit. Sie müssen reifen. Erst dann können wir die Situation meistern. Setzen Sie sich ein zeitliches Limit. Führen Sie sich die möglichen Lösungsalternativen in einem entspannten Zustand so intensiv wie möglich vor Augen. Und gehen Sie mit Ihrem Bauch in Resonanz. Zu welchem Vorschlag sagt Ihr Körper eindeutig Ja, welcher bereitet

Ihnen Unbehagen und welcher fühlt sich gar nicht gut an? Hierzu meine drei Lieblingsübungen:

Übung: Bedürfnisse intuitiv erkennen

Daheim angekommen sinken Sie (erschöpft) in Ihren Lieblingssessel: Feierabend. Lassen Sie sich ein wenig Zeit, um durchzuatmen und in einen Zustand der Entspannung zu kommen. Dann versuchen Sie, den Modus der Intuition zu aktivieren und bewusst zu erfassen, was Ihnen im Augenblick besonders guttäte: ein Entspannungsbad, eine bestimmte Aktivität, Ihr Lieblingstee oder die Nähe einer geliebten Person? Geben Sie dem Impuls nach.

Übung: Farben als Symbol

Farben symbolisieren Stimmungen, ebenso wie sie stellvertretend für Mangelzustände oder Lebensthemen stehen können. Nehmen Sie sich in der nächsten Woche mehrmals etwas Zeit, um zwischendurch die eigene Stimmung zu ergründen. Stellen Sie dazu nach Möglichkeit einen entspannten Gemütszustand her, schließen gerne Ihre Augen und überlegen Sie, welche Farbe grade Ihr Gemüt dominiert.

Als weitere Herausforderung nehmen Sie wahr, welche Farbe Ihnen aktuell fehlt, und fragen Sie sich, womit das zusammenhängen könnte. Vielleicht bietet es sich an, diese Farbe Ihrem Outfit, etwa durch ein Accessoire, hinzuzufügen oder Ihre Umgebung entsprechend zu gestalten. Fehlt Ihnen zum Beispiel die Farbe Grün, die für Herzensqualitäten wie (Selbst-)Liebe, Empathie und Mitgefühl steht, stellen Sie einen Blumenstrauß auf Ihren Wohnzimmertisch. Ihr Herz wird sich daran erfreuen und Sie gleichen den Mangel zumindest kurzfristig aus. Beobachten Sie die Situation weiter und überlegen Sie, wie Sie langfristig dazu beitragen können, wieder in Balance zu kommen.

Übung: Intuitive Problemlösung
Formulieren Sie innerlich eine konkrete Frage zu Ihrem Alltag, zu Ihrer aktuellen privaten oder beruflichen Situation. Vielleicht möchten Sie etwas verändern oder Sie sind einer Aufgabe oder einer Person längere Zeit über ausgewichen, weil Sie keine passende Lösung oder Antwort wussten. Jetzt, da Sie mit Ihrer Intuition vertrauter sind, ist die Zeit gekommen, einen ersten Lösungsversuch zu wagen.
Gehen Sie also in den Modus der Intuition, entspannen Sie sich und tauchen in die Situation möglichst mit allen Sinnen ein. Zunächst beobachten Sie neugierig, was für Gedanken und Ideen auftauchen, auch Bilder sind willkommen. Fühlen Sie Widerstände in Ihrem Körper, Schmerz oder Freude und Glück? Loten Sie die einzelnen Stufen achtsam aus und arbeiten Sie sich zu der Lösung vor, die sich am besten für Sie anfühlt und mit Ihrem klaren Verstand vereinbar ist.

Klein anfangen
Am Anfang der Reise sollten Sie die intuitive Problemlösung an kleinen Dingen ausprobieren. Unser intuiti-

ver Sinn funktioniert in der Regel von Augenblick zu Augenblick. Wir erhalten den Impuls, den wir zu diesem Zeitpunkt am meisten brauchen. Also kündigen Sie nicht gleich Ihre Arbeitsstelle mit der Begründung, Ihre Intuition hätte Ihnen dazu geraten. Aber seien Sie wachsam und offen, hören Sie mehr auf sich selbst statt auf das, was andere von Ihnen erwarten. Im Rückblick sind viele Zusammenhänge oft klarer als im Moment des Geschehens.

Tipp: Kommunizieren Sie intuitive Erkenntnisse mit Bedacht, damit die anderen, die noch keinen Zugang zu Ihrer Intuition haben, nicht glauben, dass Sie Gespenster sehen. Tatsächlich gibt es Menschen, die so rational orientiert sind, dass sie sich nichts unter einem Bauchhirn vorstellen können. Man muss es einfach selbst erlebt haben, um den Nutzen der Intuition für sich zu erkennen.

Unser Bauchhirn ist wesentlich besser mit unserem Unterbewusstsein vernetzt als unser Kopfhirn. Damit ist es viel flexibler und in der Lage, Lösungen zu komplexen Problemen zu finden. Intuition muss nicht spontan sein. Manche Entscheidungen brauchen Zeit. Wichtig ist die Stimmigkeit der Entscheidung. Wenn wir nur unserem spontanen Gefühl folgen, kann das unter Umständen böse enden. Der Kopf sollte in jedem Fall mitentscheiden.

1.3 Dem Bauch mehr Beachtung schenken

Unsere nächste Station bringt uns zu der Frage: Was kann Intuition, was unsere anderen Sinne nicht können? Unsere Intuition ist ein verbindendes Element. Im Unterschied zu unseren anderen Sinnen ist sie mehrdimensional, da nicht nur die aktuelle Lage abgefragt wird, sondern auch die Vergangenheit in Form von Erfahrungen. Auf eine gewisse Art spielt auch die Vorausschau eine Rolle, da wir mithilfe unseres Verstands die Zukunftsfähigkeit der Entscheidung in die Waagschale legen.

Die Angst vor der eigenen Intuition

Die meisten Menschen haben Angst davor, ihrer intuitiven Wahrnehmung zu vertrauen. Sie glauben, sie birgt etwas Unberechenbares. Wer seine eigene Software nicht gut kennt, ist meist auch nicht in der Lage, mit den eigenen Emotionen gut umzugehen. Schnell taucht die Befürchtung auf, sie könnten ihn auf die falsche Fährte locken. Allein schon aus diesem Grund ist ein gesundes Selbstbewusstsein eine sinnvolle Basis für alle intuitiven Wahrnehmungsprozesse. Mehr dazu erfahren Sie in meinem Buch „Selbstbestimmung: Raus aus der Fremdbestimmung, rein ins selbstbestimmte Leben – ein Erfolgstraining".

Ich kann Ihnen versprechen, dass Ihre Angst vor Ihrer Intuition völlig unbegründet ist. Sie ist jedoch ein Stolperstein, der Ihnen den Weg zu einer wertvollen Quelle versperrt.

Übung: Innere Klarheit
Welche Ängste halten Sie davon ab, sich auf Ihre Intuition zu verlassen? Schreiben Sie Ihre Antwort in Stichpunkten auf, auch wenn es Ihnen vielleicht lästig erscheint. Ängste in Worte zu fassen schafft Klarheit, beseitigt Missverständnisse und macht den Weg zur Weiterentwicklung frei.

Intuition ist eine Gabe

In Wirklichkeit ist Intuition eine Gabe, die allen Menschen zuteilwird, wenn sie auf die Welt kommen. Weil wir ihr jedoch kaum Beachtung schenken, geht sie uns leider mit der Zeit verloren. Kinder sind von Natur aus sehr intuitiv. Allerdings wird ihnen diese Fähigkeit schon früh aberzogen. Unser Bildungssystem ist darauf ausgerichtet, unseren rationalen Verstand zu schulen. Das Bauchgefühl bleibt auf der Strecke. In unserer heutigen Zeit wirkt es beinahe wie ein Hindernis, wenn man versucht, in Resonanz mit sich selbst und mit anderen zu gehen. Es erfordert Zeit und stiftet unter Umständen Verwirrung, so die Annahme. Tatsächlich aber hilft uns der Abgleich von Verstand und Bauchgefühl dabei, zu einer stimmigen Entscheidung zu kommen, die später nicht unter großem Aufwand wieder entwirrt und neu getroffen werden muss, weil sie sich als nachteilig erwiesen hat.

Selbst in heilenden Berufen zeichnet sich oft ein Mangel an intuitiver Wahrnehmung ab, zum Beispiel in der Beziehung zwischen Arzt und Patient. Das wird in einer wenig empathischen, stark unterkühlten Kommunikationsweise deutlich: „Sie haben nur noch wenige Wochen zu leben. Machen Sie das Beste daraus." Zugegeben, das Beispiel ist drastisch, aber so etwas geschieht leider täglich.

Wenn wir in Zukunft weniger Kraft in das Wiedererlangen der intuitiven Fähigkeit investieren wollen, dann sollten wir es zulassen, dass sie ein Leben lang unser treuer Begleiter bleibt. Um Kindern diese Verbundenheit mit ihrer inneren Weisheit immer wieder bewusst zu machen, ist es daher ratsam, ihnen weniger mit Vorgaben darüber, was „richtig" oder „falsch" ist, zu begegnen, sondern sie dabei zu unterstützen, altersgemäße Entscheidungen mit Kopf und Bauch zu treffen. Wenn Sie also das nächste Mal von einem Kind gefragt werden, was es denn in einer bestimmten Situation tun soll, könnte die Antwort lauten: „Das, was sich für dich gut anfühlt und dir vernünftig erscheint." Lassen Sie es zu, dass Kinder auf ihr Bauchgefühl hören, und leben Sie es ihnen darüber hinaus auch selbst vor. An dieser Stelle eine weitere Übung für verkopfte Erwachsene:

Übung: Bauch trifft Kopf

Nehmen Sie erneut ein Blatt Papier zur Hand. Halten Sie es quer und teilen Sie es mit zwei senkrechten Strichen in drei etwa gleich große Spalten. Versetzen Sie sich in eine Situation, die eine intuitive Entscheidung erfordert.

In die linke Spalte tragen Sie Ihre rationalen Impulse ein. Was spricht für und was gegen die jeweilige Lösung?

In der rechten Spalte tragen Sie Ihre Gefühle ein, die mit dem jeweiligen Sachverhalt verbunden sind.

Dann tauchen Sie ein in die Entscheidungsfindung. Gehen Sie in den Entspannungsmodus. Setzen Sie sich dabei zeitlich nicht unter Druck, aber schieben Sie die Entscheidung auch nicht auf. Probieren Sie die einzelnen Bausteine aus wie bei einem Puzzle, bis sich alles zu einem stimmigen Bild zusammenfügt. Dieses skizzieren Sie in der Mitte oder, noch viel besser, Sie schreiben es in Worten auf.

Mit etwas Übung und Vertrauen in die eigenen Ressourcen wird sich Ihnen das intuitive Potenzial auf eine sehr simple und praktische Weise erschließen, die im Alltag wirklich funktioniert.

Intuition bei Frauen und Männern

Was glauben Sie, wer ist in Sachen Intuition besser aufgestellt – Frauen oder Männer? Die Antwort mag einige überraschen: Sowohl Frauen als auch Männer, ebenso wie jedes andere Geschlecht, das dazwischenliegen mag, verfügen über die gleichen Möglichkeiten, mit ihrer Intuition in Kontakt zu kommen. Frauen nutzen diese jedoch weitaus häufiger. Es fällt ihnen leichter als den Männern. Das liegt sicher größtenteils an der Erziehung. Mädchen dürfen eher „weich" sein und auf ihr Gefühl hören. Jungs bringt man dagegen bei, dass Gefühle „unmännlich" sind. Sie kennen keinen Schmerz und keine Tränen. Und wenn doch, dann werden sie von anderen als Weicheier abgestempelt. Kein Wunder, dass es ihnen als Erwachsene schwerfällt, Gefühle wahrzunehmen und zu zeigen.

Der Körper spricht immer

Im Wesentlichen gibt es aber keine Unterschiede zwischen den Geschlechtern, wenn es um Gefühle geht. So gilt etwa für alle Menschen, dass sich an ihrer Körpersprache vieles erkennen lässt, denn Gefühle sind untrennbar an körperliche Reaktionen gebunden. Im Fachjargon wird diese Wechselbeziehung Embodiment genannt. Diese Verkörperung unserer Gedanken und Gefühle ist ein universelles Phänomen, das die Ganzheitlichkeit unseres Wesens zum Ausdruck bringt und somit jeden Bereich unseres Lebens durchzieht. Dagegen anzukämpfen heißt sich zu verstellen. Das kostet enorm viel Kraft und raubt wertvolle Ressourcen, die woanders besser angelegt wären.

Es gibt Menschen, die ihr Herz auf der Zunge tragen, wie man so schön sagt. Andere kontrollieren ihre Worte, doch der Körper spricht trotzdem und gibt dem Gegenüber wertvolle Hinweise zum Gemütszustand. Mit ein bisschen Übung und Einfühlungsvermögen kann man Menschen lesen wie eine Zeitung. Mit der folgenden Übung starten Sie einen ersten Versuch.

Partnerübung: Mitmenschen beobachten

Wenn Sie sich einmal gemeinsam mit einem Partner (Ehepartner, Freund oder Freundin, Bruder oder Schwester) auf den Übungsweg begeben wollen, gehen Sie in ein Café Ihrer Wahl oder alternativ setzen Sie sich auf eine Parkbank im Stadtgarten. Beobachten Sie eine Zeit lang gemeinsam fremde Menschen: ihre Handlungen, Bewegungen, ihre Gestik und Mimik. Tauschen Sie sich untereinander aus. Was mag eine bestimmte Person oder jeder Einzelne aus einer Gruppe in dem Moment denken, fühlen und im nächsten Schritt tun? Wie stehen verschiedene Personen zueinander? Wie entwickelt sich die Situation weiter? Sie und Ihr Partner sollten sich dabei als Team, nicht als Konkurrenz betrachten. Gelingt es Ihnen, sich in den/die Fremden hineinzuversetzen?

Zwischenmenschliches

Die Forschung zeigt, dass Menschen, die emotional miteinander verbunden sind, eine besonders starke intuitive Bindung zueinander haben: Mutter und Kind, Lebenspartner, beste Freunde oder Geschwister.

Wie stark diese Bindung gerade bei Menschen ist, die miteinander verwandt sind, zeigt auch die Zwillingsforschung. Zwillingspärchen sind durch ein so starkes imaginäres Band miteinander verbunden, dass sie sich oft nach einer Trennung als unvollständig erleben. Erst wenn sie den anderen wiedergewinnen, entsteht ein Gefühl der Ganzheit.

Diese starke intuitive Anziehungskraft macht es Menschen möglich, über große Entfernungen hinweg eine Wahrnehmung für eine andere Person zu entwickeln. Wir fühlen förmlich, wie es dem anderen geht und ob er oder sie Unterstützung braucht. Manchmal wird aus einer vagen intuitiven Vermutung eine Vorausahnung, die einem selbst den Atem raubt. Wenn sich diese Ahnung bestätigt, ist diese Erfahrung beängstigend und beglückend zugleich. Ich wünsche Ihnen von ganzem Herzen, dass Sie dies einmal erleben. Aus eigener Beobachtung kann ich folgenden Grundsatz aufstellen: Wo ein Band tiefer Liebe vorhanden ist, da ist zwischenmenschliche Intuition zu Hause.

Tipp: Glauben Sie nicht, dass Sie Ihr Bauchgefühl dauerhaft ignorieren können. Versuchen Sie es besser gar nicht erst! Denn das würde nicht gut gehen. Menschen, die Gefühle unterdrücken, leiden häufig an Beschwerden im Magen-Darm-Bereich. Denn dieser steht stellvertretend für missachtete und „unverdaute" Gefühle. Zusätzlich mangelt es diesen Menschen in ihrer Außenwirkung an Authentizität. Sie führen ein Leben an ihren Bedürfnissen vorbei. Ganz klar, dass das langfristig Probleme mit sich bringt.

Schon seit Urzeiten wissen Menschen intuitiv, was die Forschung erst langsam entdeckt: Unser Bauchgefühl hat einen entscheidenden Anteil daran, wie es uns geht. Die Intuition ist meist ein ganz gewöhnliches Gefühl, aber eines mit einer großen Wirkkraft.

Dieser sechste Sinn braucht Raum und Zeit, um sich zu entfalten. Gehen Sie dazu in den Entspannungsmodus und probieren Sie folgende Übungen aus:

- *Versuchen Sie, Bedürfnisse intuitiv zu erkennen.*
- *Nutzen Sie Farben als Symbole für Stimmungen und Lebensthemen.*
- *Versuchen Sie, Probleme intuitiv zu lösen. Beginnen Sie zunächst mit kleinen Herausforderungen.*
- *Halten Sie sowohl rationale Argumente als auch Ihr Bauchgefühl schriftlich fest.*
- *Schulen Sie Ihre Wahrnehmung, indem Sie bewusst andere Menschen beobachten.*

Ein Mangel an intuitiver Wahrnehmung führt zu wenig empathischem Verhalten. Eine intensive emotionale Verbindung dagegen macht Intuition selbst auf Distanz möglich.

30 MINUTEN

2. Intuition fördert Ihre Gesundheit

Unsere physische und psychische Gesundheit hängt wesentlich von der Fähigkeit ab, die Signale unseres Körpers zu empfangen und sie ernst zu nehmen. Menschen, die diese Resonanz nicht herstellen wollen oder es aus welchem Grund auch immer nicht (mehr) können, leben an ihren Bedürfnissen vorbei. Sie sind nicht in der Lage, die Selbstheilungskräfte zu aktivieren, die unbedingt notwendig sind, um dauerhaft gesund und leistungsfähig zu bleiben. Nicht weniger wichtig für unser Wohlbefinden sind unsere Gedanken. Denn mit ihnen formen wir unsere Welt, erschaffen Gespenster oder Wunder und beeinflussen unsere Gefühle. Unsere Gedanken entscheiden darüber, ob wir uns als Optimisten oder als Pessimisten erleben und in welchem Ausmaß wir Glück und Lebensfreude im Alltag generieren. Dass die Intuition die Schnittstelle zwischen Gedanken und Gefühlen ist, wurde schon beschrieben, doch es gibt noch eine Menge dazu zu sagen. Um den Zusammenhang besser zu verstehen, nehmen wir die beiden Pole auf den folgenden Seiten noch etwas genauer unter die Lupe.

2.1 Die Macht der Gefühle

Wenden wir uns zunächst den Emotionen zu, denn sie sind der Schlüssel zu den Botschaften unseres Körpers. Emotionen drücken unsere Sehnsüchte und Wünsche aus. Wenn wir ihnen mehr Beachtung schenken und sie entschlüsseln, kommen wir uns selbst etwas näher. Je vertrauter uns unsere Gefühle sind, desto eher können wir sie beeinflussen. Das bewusste Wahrnehmen, Anschauen und Verstehen befähigt uns, sie als Ressource zu nutzen. Dies kann uns helfen, uns besonders in belastenden Situationen besser selbst zu regulieren und angemessen mit unseren Gefühlen umzugehen.

Was Emotionen bewirken können

Wir alle haben im Laufe unseres Lebens gute und schlechte Erfahrungen gemacht, die entsprechend mit positiven und negativen Gefühlen verbunden sind. Manche Ereignisse haben uns überwältigt oder zu Schmetterlingen im Bauch geführt, andere vielleicht zutiefst bewegt oder erschüttert.

Darüber hinaus bilden Emotionen die Grundlage moralischen Handelns. Sie motivieren zielorientiertes Verhalten und liefern Handlungsgründe. Sie drücken sich in zwischenmenschlichen Beziehungen aus und lassen uns nicht selten Höhenflüge erleben oder Bruchlandungen erleiden. Emotionen dauerhaft zu verdrängen kann zum einen zur Abstumpfung führen, die sich nach außen hin in einer Gleichgültigkeit gegen emotionale Inhalte äußert und nach innen in einem dumpfen Gefühl des Unglücklichseins. Es kann aber zum anderen auch zu einem „Supergau" führen, also zu einem unkontrollierten Gefühlsausbruch oder, wie im Kapitel zuvor bereits erwähnt, zu einer ernsthaften bis hin zu lebensbedrohlichen Erkrankung.

Um sich über Ihre Gefühle Klarheit zu verschaffen und mit ihnen in Kontakt zu bleiben, empfehle ich Ihnen, eine Zeit lang ein Emotionstagebuch zu führen. Welche Emotionen dominieren Ihren Tag und wie wirken sich diese auf Ihre Gemütsverfassung aus? Als integraler Bestandteil Ihrer intuitiven Wahrnehmung wirken sich Ihre Empfindungen auch auf Ihre Entscheidungsprozesse aus.

Übung: Das Nabelchakra aktivieren

Als Yogatherapeutin möchte ich Ihnen eine wertvolle Übung vorstellen, bei der es um achtsames Wahrnehmen und energetische Prozesse im Körper geht. Das hat absolut nichts mit Esoterik zu tun. Die in der Yogaphiliosophie verankerten Chakras sind Energiezentren im Körper, die stellvertretend für bestimmte Lebensthemen und Aspekte unseres Seins stehen. Es mag Sie vielleicht überraschen, aber das Nabelchakra, das sich oberhalb des Nabels in Magenhöhe befindet, symbolisiert das zentrale Thema Emotionen und Willenskraft. Der Bereich ist demnach annähernd deckungsgleich mit unserem Bauchhirn. Wenn es Ihnen also schwerfällt, Gefühle frei auszudrücken, Sie unter Magenproblemen leiden, mit Kritik schlecht umgehen können oder öfter mal die Kontrolle über Ihre Gefühle verlieren, sodass Sie Dinge tun, die Sie anschließend bereuen, dann nehmen Sie sich regelmäßig etwas Zeit, um diese Übung zu praktizieren:

1. Setzen oder legen Sie sich entspannt hin und schließen Sie, wenn Sie mögen, Ihre Augen. Legen Sie eine Hand oder beide Hände sanft auf Ihr Nabelchakra etwa zwei Fingerbreit oberhalb des Bauchnabels und atmen Sie tief in den Bauch hinein. Lassen Sie den Kopf für eine Weile außen vor und spüren stattdessen bewusst in Ihren Bauch hinein. Stellen Sie sich vor, dass Sie auf diese Weise Ihr Bauchhirn mit wertvollem Sauerstoff versorgen und es somit aktivieren. Lassen Sie Ihren Gefühlen dabei freien Lauf.

2. Nach einer Weile visualisieren Sie ein warmes Sonnengelb unter Ihren Händen. Wenn es für Sie passt, lassen Sie gerne eine Sonne daraus entstehen. Nehmen Sie diese Farbe intensiv wahr und beobachten Sie, ohne zu bewerten, was passiert. Tauchen Assoziationen, Bilder, Formen oder Gefühle auf? Gibt es vielleicht andere Impulse, die sich zeigen? Lassen Sie sich ruhig etwas Zeit.

3. Zum Abschluss der Übung lassen Sie die Farbe oder das Bild der Sonne zunehmend wieder verblassen, lösen Ihre Hände vom Bauch und nehmen einige tiefe Atemzüge. Dann öffnen Sie sanft Ihre Augen, strecken und räkeln sich und kommen mit Ihrer Aufmerksamkeit wieder in den Raum zurück.

Im späteren Verlauf der Übungspraxis können Sie zusätzlich eine Affirmation aufgreifen oder sich in dem Zustand der Entspannung mit Ihrer intuitiven Wahrnehmung verbinden. Als Affirmation können Sie kurze, aussagekräftige Sätze nutzen, die Sie zielführend bei der Übungsausführung dabei unterstützen, in einen Zustand zu kommen, den Sie anstreben. Wiederholen Sie diese mehrmals innerlich oder flüsternd, langsam und überzeugend.

Folgende Aussagen wären in diesem Zusammenhang sinnvoll:

- „Ich lasse meinen Gefühlen freien Lauf."
- „Ich genieße es, in Kontakt mit meinen Emotionen zu kommen."

Tipp: Da wir wissen, dass Gefühle nicht immer nur positiv sind, kann sich bei der Nabelchakra-Übung, je nach Gemütszustand und Tagesform, auch ein belastendes Gefühl einstellen. Seien Sie also gewarnt und geben Sie sich die Erlaubnis, auch mal eine Träne zu vergießen. Für unsere Gesundheit ist es sehr wichtig, positive Gefühle zu fördern, aber auch negative Gefühle auszuhalten.

Nutzen Sie Emojis!

Eine weitere Möglichkeit, eigene Gefühle zu erforschen und auf den Punkt zu bringen, ist das bewusste Einsetzen von Emojis in Nachrichten – sei es eingebunden in eine SMS, einen Chat oder auf einem Notizzettel. Die Bandbreite dieser Bildschriftzeichen hat in den letzten

Jahren enorm zugenommen. So können Sie heute mit einem Piktogramm nicht nur Freude ausdrücken, sondern auch Wut, Traurigkeit, Erstaunen, Liebe, Angst und vieles mehr. Schauen Sie selbst:

Diese Art der Kommunikation klärt nicht nur Gefühle, sie macht zudem eine Menge Spaß und eignet sich nicht nur für Smartphone-Junkies. Meine Erfahrung zeigt, dass Menschen, denen es schwerfällt, Gefühle zum Ausdruck zu bringen, tatsächlich Emojis ablehnen, meiden oder einfach nicht sinnvoll einsetzen. Menschen dagegen, die mit Gefühlen spielend jonglieren können und sich authentisch geben, peppen ihre Nachrichten regelmäßig mit Emojis auf. Probieren Sie es selbst aus, am besten in der Familie oder unter Freunden.

Wenn Sie gerne zeichnen, entwickeln Sie eigene Prototypen, z. B. ein Gesicht mit einem großen Ohr, das je nach Gesichtsausdruck symbolisieren könnte: „Ich höre dir gerne zu", oder aber: „Jetzt reicht's, ich habe genug gehört." Manchmal sagen Bilder mehr als Worte. Aber Vorsicht: Eigenkreationen können auch missverstanden werden, weil sie nicht allgemein bekannt sind.

Um im Laufe des Tages Ihre eigene emotionale Verfassung zu erkunden, machen Sie eine kurze Verschnaufpause. Atmen Sie einige Male tief durch und spüren Sie achtsam nach innen. Halten Sie auf einem Blatt Papier

Ihre momentane Stimmungslage mit einem Piktogramm fest, wobei Sie sich gerne an den bekannten Emojis orientieren können. Wenn Sie das am Tag mehrmals wiederholen, sehen Sie am Abend auf einen Blick, welche Gefühle überwogen haben, und können ein Resümee daraus ziehen.

Emotionen sind der Schlüssel zu den Botschaften unseres Körpers. Sie drücken unsere Sehnsüchte und Wünsche aus und bilden die Grundlage moralischen Handelns. Gefühle zu unterdrücken führt zu einer negativen Dynamik. Wesentlich sinnvoller ist es, die eigenen Gefühle anzuschauen und zu verstehen. Dabei helfen Yogaübungen (Nabelchakra), aber auch der bewusste Einsatz von Emojis in der Kommunikation.

2.2 Die Kraft der Gedanken

Unsere Gedanken können erschaffen und zerstören. Wie die Placeboforschung zeigt, können sie weitaus stärker sein als Medizin. „In der Schmerzbehandlung sind Placebos tatsächlich annähernd so wirksam wie Morphium. Und zahlreiche Studien beweisen, dass die glücklich machenden Wirkungen von Antidepressiva fast ausnahmslos dem Placebo-Effekt zugeschrieben werden können", fasst Dr. med. Lissa Rankin in ihrem Buch „Mind over Medicin" zusammen.

Aber wie ist es möglich, dass kranke Menschen durch die Einnahme von Zuckerpillen oder eine Injektion mit Kochsalzlösung gesund werden? Ganz einfach: Die positive Erwartungshaltung kurbelt das Immunsystem an, setzt Selbstheilungskräfte in Gang, lindert Symptome und treibt Genesungsprozesse voran. Zugegeben, tatsächlich können noch weitere Aspekte dafür verantwortlich sein, dass eine Scheinbehandlung wirkt, z. B. die klassische Konditionierung durch die Erfahrung, dass ein Medikament, welches von einem kompetenten Arzt in einem weißen Kittel verabreicht wird, heilt. Oder aber emotionale Zuwendung seitens des Therapeuten oder der Bezugsperson, die sich in den Betreuungsprozess liebevoll einbringt. Dennoch entscheidet sich vieles im Kopf.

Psychohygiene

Aus dem Leistungssport wissen wir, dass auch sportliche Wettkämpfe im Kopf entschieden werden. Das positive Denken scheint also eine immense Wirkung auf unseren Körper, unsere Psyche und unsere Seele zu haben. In der Sportpsychologie geht dem Wettkampf eine Art Einstimmung auf den Sieg voraus. Dieser wird in der Vorbereitungsphase mit allen Sinnen mental erforscht, verankert und schlussendlich bewusst angestrebt. Menschen, die in einen Wettkampf (oder auch in ein Bewerbungsgespräch für einen begehrten Job) gehen, ohne Willenskraft und Überzeugung, dass ein Sieg möglich ist, haben eine deutlich größere Fehlerquote und scheitern wesentlich häufiger. Oft gelingt es ihnen auch nicht, die Hauptursache ihres Scheiterns zu entlarven. Die körperliche (oder fachliche) Vorbereitung war vielleicht hervorragend, aber leider nicht die mentalen Voraussetzungen.

Psychohygiene fördert unsere mentale Belastbarkeit und steigert unsere Gesundheit. Achtsamkeit, das heißt die bewusste Präsenz im gegenwärtigen Augenblick, macht es möglich, sich näher anzusehen, wie es um die eigene mentale Verfassung bestellt ist.

Übung: Objektiver Beobachter
Setzen oder legen Sie sich entspannt hin. Schließen Sie gerne Ihre Augen und beobachten Sie für eine Weile Ihren Atem. Lassen Sie ihn kommen und gehen, ohne etwas zu verändern.

Sie werden bald merken, dass das reine Beobachten Ihrer Atmung von Gedanken unterbrochen wird. Das passiert häufig und ist kein Grund, um sich zu ärgern. Unser Geist ist unstet und ständig auf der Suche nach Beschäftigung. Ihre Aufgabe besteht nun darin, jeden dieser Gedanken mit etwas Distanz zu identifizieren und im zweiten Schritt wieder loszulassen.

Sie denken vielleicht für einen Moment über den geplanten Wochenendeinkauf nach, bemerken es achtsam, und mit dem nächsten Atemzug lassen Sie den Gedanken wieder los und wenden sich Ihrem Atem zu. Dann taucht vielleicht ein Szenario vor Ihrem inneren Auge auf, zum Beispiel ein Streit mit einer Kollegin. Und auch diesen Gedanken lassen Sie, ohne sich in die Auseinandersetzung zu vertiefen, entspannt wieder los.

Nach gefühlten fünf Minuten atmen Sie einmal tief durch und öffnen wieder sanft Ihre Augen.

Diese einfache Übung wird Ihnen helfen, sich Ihrer Gedanken bewusst zu werden, ihnen mit mehr Objektivität zu begegnen und sie wieder loszulassen. Das ist besonders bei belastenden Gedanken sehr wichtig, damit Sie sich darin nicht wie in einer Abwärtsspirale verstricken.

Pessimist oder Optimist?

Haben Sie eigentlich schon einmal darüber nachgedacht, ob Sie ein Optimist oder ein Pessimist sind? Welche Überzeugungen dominieren Ihr Leben?

An dieser Stelle ein kurzer Selbsttest. Stimmen Sie den folgenden Aussagen zu? Antworten Sie mit einem „Richtig" oder „Falsch" und zählen Sie anschließend Ihre jeweiligen Antworten zusammen, um den Test auswerten zu können.

Pessimist oder Optimist?	Richtig	Falsch
Das Leben ist eine Bürde.		
Ich erlebe mich oft als Pechvogel.		
Der Mensch ist von Natur aus böse.		
Ich vergleiche mich gerne mit anderen.		

Ich rechne am liebsten mit dem Schlimmsten. Dann werde ich nicht überrascht, wenn es eintritt.		
Ich habe eine Neigung zum Grübeln.		
Ich mache mir oft Sorgen.		
Freude zu empfinden fällt mir schwer.		
Freundschaften zu schließen gehört nicht zu meinen Stärken.		
Das Gute in Bruchlandungen zu entdecken kostet mich viel Mühe, meistens gelingt es mir nicht.		
Gesamt:		

Allein das Erstellen dieses Tests macht eine schlechte Stimmung. Sie ahnen es sicher schon: Je öfter Sie mit „Richtig" geantwortet haben, desto größer ist Ihre Tendenz zur pessimistischen Wahrnehmung. Je mehr Aussagen Sie widersprochen haben, desto optimistischer ist Ihre Weltsicht. Halten sich Zustimmung und Ablehnung bei Ihnen etwa die Waage, dann wechseln Sie öfter die Perspektive und betrachten Sie verstärkt die guten Seiten des Lebens. Je mehr Sie sich mit den guten Seiten beschäftigen, desto weniger werden Sie die schlechten Seiten wahrnehmen.

Wenn Ihnen das jedoch nicht (mehr) gelingt und Sie den pessimistischen Aussagen im Test überwiegend zustimmen, dann holen Sie sich professionelle Hilfe. Es gibt Zeiten im Leben, das fühlen wir uns, als stünden wir vor einer Wand. Dabei übersehen wir, dass der Weg nach rechts und nach links um den Betonklotz herum frei ist, sodass wir jederzeit weitergehen könnten. Vertrauen Sie dabei auf Ihre Intuition. Sie wird Ihnen wie ein Leitstrahl den Weg weisen.

Wenn Sie wissen möchten, wie sich Ihre Einstellung zum Leben entwickelt hat, ist es sinnvoll, sich die Überzeugungen Ihrer Ursprungsfamilie anzuschauen. Auch Ihre beruflichen und privaten Erfahrungen und die Art und Weise, wie Sie ihnen bis heute begegnet sind, beeinflussen Ihre Weltsicht. Wie bei vielen unserer Verhaltensmuster und Charakterzüge ist außerdem auch hier die Genetik im Spiel. Die Glücksforscherin Sonja Lyubomirsky hat herausgefunden, dass diese etwa zu 50 Prozent unser Glücksempfinden bestimmt. Während aber nur zehn Prozent unseres Glücksempfindens von den äußeren Umständen beeinflusst werden – weit weniger, als die meisten von uns glauben –, bleiben uns noch ganze 40 Prozent, die wir selbst beeinflussen können.

Bedenken Sie dabei immer: Weder das pessimistische Schwarzsehen noch der zu optimistische Blick durch die rosarote Brille machen uns dauerhaft glücklich. Es gilt, das richtige Maß zwischen Zuversicht und Sinnhaftigkeit auf der einen und einem realistischen Weitblick auf der anderen Seite auszuloten.

Tipp: Positives Denken kann man lernen. Indem negative Selbstinstruktionen identifiziert werden, wie zum Beispiel: „Das schaffe ich nie! Ich bin ein Versager", können diese im zweiten Schritt in positive Leitsätze, wie: „Ich werde es schaffen und stolz auf mich sein", umgewandelt werden. Die Kunst besteht meist darin, solche kleinen „Monster" auszumachen, bevor sie unsere Gedanken vergiften.

Gelassen loslassen

Gelassen zu sein heißt, die innere Balance zu wahren, um besonders in belastenden Situationen angemessen zu reagieren. Es handelt sich dabei um eine Wechselwirkung zwischen Gedanken und Gefühlen. Während der Kopf darüber entscheidet, wie weit wir bereit sind, in den Modus der Entspannung zu gehen, signalisiert der Bauch das Wohl- oder Unwohlbefinden, das damit zusammenhängt. Gelassenheit hat viel mit Loslassen zu tun, und Loslassen ist ein wesentlicher Bestandteil unseres Lebens. Denn das Loslassen,

- schafft Raum für Neues,
- hilft, sich dem ständigen Wandel des Lebens anzuvertrauen,
- fördert eine Haltung der Gelassenheit.

Loslassen heißt, sich von unnötigem Ballast zu befreien. Dazu gehören

- veraltete Vorstellungen,
- schlechte Gewohnheiten,
- belastende Gedanken und Ideen.

Starten Sie Ihren mentalen Frühjahrsputz, indem Sie sich zunächst von dem echten Gerümpel in Ihrem Wohnraum oder Garten trennen. Das können Sie natürlich auch zu jeder anderen Jahreszeit tun. Es fühlt sich befreiend an und motiviert Sie sicher, weiterzumachen. Dann knöpfen Sie sich vergangene Beziehungen vor, die Sie noch immer belasten. Lassen Sie los! Erst im dritten Schritt wenden Sie sich den Gewohnheiten und erlernten Mustern zu, die Sie im Alltag als einengend und destruktiv erleben. Solche mentalen Umstrukturierungen brauchen Zeit und Geduld. Aber sie lohnen sich. Denn oft schränkt dieser mentale Ballast unsere Intuition ein: Sie kann nicht fließen, wenn lauter Gerümpel im Weg steht. Gerade wenn Sie sich für die Regionalbahn (vgl. Test in Abschnitt 1.1) entschieden haben, ist hier das genaue Hinschauen und Aussortieren eine sehr wertvolle Übung.

Gelassenheit beginnt im Kopf! Verschwenden Sie keine Energie darauf, sich über Dinge zu ärgern, die sich nicht ändern lassen. Nehmen Sie sie stattdessen als gegeben hin und nutzen Ihre Energie für die schönen Dinge des Lebens. Auch hier bestimmen Sie selbst, wo es langgeht und wie viel Einfluss äußere Umstände und andere Menschen auf Sie haben. Es liegt an Ihnen, das Beste aus dem zu machen, was formbar und veränderbar ist, und dabei Ihre Intuition als Wegweiser zu nutzen.

„Jeder Jeck is anders!", sagt man in Köln. Vergessen Sie nie, dass jeder Mensch anders ist. Gestehen Sie Ihren Mitmenschen eine eigene Sichtweise zu und üben Sie sich darin, sich selbst und anderen mit mehr Empathie zu begegnen. Auch das macht uns langfristig gelassener und selbstbewusster.

> **Tipp:** Wenn Sie sich für das Thema Gelassenheit interessieren, empfehle ich Ihnen mein Buch „30 Minuten Gelassenheit". Darin gebe ich Ihnen viele konkrete Hinweise und Übungen an die Hand, um das Thema zu vertiefen.

Zugang zur Intuition erhalten

Inzwischen sind Sie auf Ihrer Reise recht weit fortgeschritten. Um den aktuellen Zugang zu Ihrer Intuition abzurufen, möchte ich Sie zu einer einfachen und dennoch intensiven energetischen Übung einladen. Sie wird Sie in eine tiefe Entspannung bringen und Ihnen einen Bericht über Ihren aktuellen Status quo liefern. Lassen Sie sich möglichst ohne Vorurteile und Widerstand darauf ein.

Übung: Das Stirnchakra aktivieren

Das Stirnchakra symbolisiert die zentralen Themen Präsenz, Klarheit und Intuition. Es wird daher auch als das „Dritte Auge" bezeichnet. Wenn Sie mehr Klarheit in Ihr Leben bringen wollen, häufig an Kopfschmerzen leiden oder im Alltag Schwierigkeiten haben, sich zu konzentrieren, kann diese Übung viel in Bewegung bringen – vorausgesetzt, Sie lassen es zu.

1. Setzen oder legen Sie sich entspannt hin und schließen Sie, wenn Sie mögen, Ihre Augen. Reiben Sie

beide Hände einige Male kreisförmig aneinander. Legen Sie dann Ihre linke Hand mittig auf Ihre Stirn und die rechte auf den linken Handrücken. Lassen Sie Ihre Hände entspannt auf der Stirn ruhen und verbinden Sie sich mit Ihrem Atem. Atmen Sie dazu ruhig und gleichmäßig durch die Nase ein und aus.

2. Nach einer Weile visualisieren Sie ein dunkles Blau bis Violett über den Augenbrauen in der Mitte der Stirn, das sich im Uhrzeigersinn wie ein Energiewirbel unter Ihren Händen in Bewegung setzt. Genießen Sie diesen Zustand und die Tatsache, nichts mit dem Kopf steuern zu müssen, sondern nur zu beobachten. Wenn es für Sie passt, lassen Sie zusätzlich ein Lächeln in Ihrem Gesicht entstehen. Nehmen Sie die Farbe intensiv wahr und beobachten Sie, ohne zu bewerten, was passiert. Tauchen Assoziationen, Bilder, Formen, Gedanken oder Gefühle auf? Gibt es vielleicht andere Impulse, die sich zeigen? Lassen Sie sich ruhig etwas Zeit.

3. Zum Abschluss der Übung lassen Sie das Blau zunehmend wieder verblassen, lösen Ihre Hände von der Stirn und nehmen einige tiefe Atemzüge. Dann öffnen Sie sanft Ihre Augen, strecken und räkeln sich und kommen mit Ihrer Aufmerksamkeit wieder in den Raum zurück.

Im späteren Verlauf der Übungspraxis können Sie sich im Zustand der Entspannung mit Ihrer intuitiven Wahrnehmung verbinden. Wiederholen Sie dazu eine Affirmation mehrmals innerlich oder flüsternd, langsam und überzeugend. Folgende Aussagen wären in diesem Zusammenhang sinnvoll:

- „Ich lasse meinen inneren Vermittler seine Arbeit machen und unterstütze ihn dabei."
- „Ich schaue nach innen und erkenne, was wesentlich ist."

Tipp: Versuchen Sie bei der Stirnchakra-Übung nichts zu erzwingen. Wenn auf einmal eine andere Farbe auftaucht, greifen Sie diese auf. Falls sich der Wirbel nicht in Bewegung setzt oder nur ganz subtil erscheint, dann haben Sie Ihren Zugang zur Intuition vielleicht noch nicht gefunden. Häufig rücken dann innere Widerstände in den Vordergrund. Lassen Sie sich auf keinen Fall entmutigen und wiederholen Sie die Übung in Kürze erneut.

Die Qualität unserer Gedanken bestimmt über die Qualität unseres Lebens. Destruktive Gedanken schwächen und verunsichern uns, konstruktive dagegen lenken unsere Aufmerksamkeit auf positive Aspekte und richten uns wieder auf, wenn uns das Leben mal in die Knie zwingt. Werden Sie daher zum objektiven Beobachter Ihrer Gedanken.

2.3 Intuitiv gut für sich sorgen

Das Wort Selbstwirksamkeit steht im Zusammenhang mit Selbstfürsorge und bezeichnet die Fähigkeit, eigene

Ressourcen zu nutzen, um sich selbst zu helfen. Auch die Intuition ist eine solche Ressource. Ein Mensch, der an die eigene Stärke und Kompetenz glaubt, ist eher gewillt, sich den Herausforderungen der Umwelt und des Alltags zu stellen. Er glaubt daran, diese aus eigener Kraft meistern zu können, was ihn in der Regel erfolgreicher macht als Menschen, die vor Aufgaben zurückschrecken, weil sie sich per se überfordert fühlen.

Wenn Sie einen gesunden Lebensstil pflegen und auch sonst gut für sich selbst sorgen, sind Sie sicher in der Lage, selbst die Widrigkeiten des Alltags in Angriff zu nehmen und sie gekonnt zu bewältigen. Wenn Sie jedoch nicht sicher sind, was mit Selbstfürsorge gemeint ist, dann lesen Sie dieses Kapitel, in dem zwei wichtige Aspekte der Selbstfürsorge im Zusammenhang mit der Intuition auf den Punkt gebracht sind.

Intuitives Essen sorgt für Wohlbefinden

In Zeiten von Fettleibigkeit und Stoffwechselerkrankungen wächst die Gegenbewegung zum Fast Food, die Slow Food® genannt wird und bei der es um Nachhaltigkeit, Qualität der Lebensmittel und insbesondere auch um Genuss geht. Beim intuitiven Essen spielen diese Faktoren ebenfalls eine Rolle, in erster Linie geht es hier jedoch darum, sensibel auf die eigenen Vorlieben und Bedürfnisse hinsichtlich Auswahl und Menge der Lebensmittel zu reagieren. Die Fähigkeit, intuitiv zu essen, ist in der Regel angeboren und geht einher mit unserer Körperintelligenz. Ein gesunder Körper weiß genau, was ihm guttut und was nicht und welche Menge angebracht ist, um ein angenehmes Sättigungsgefühl zu entwickeln. Damit sich dieses überhaupt erst einstellt, braucht der Körper etwa 20 Minuten Zeit. Hastiges Runterschlingen wirkt sich demnach kontraproduktiv aus.

Einflüsse von außen wie die Konvention, immer den Teller leer zu essen, Belohnungsessen als Motivator oder Essen als „Stressdämpfer" bringen uns dazu, die natürlichen Bedürfnisse und die Signale des Körpers zu missachten. Dadurch sind wir beim Essen nicht mehr mit unserer Intuition im Einklang. Das Resultat ist, dass wir zu wenig, zu viel oder das Falsche essen. Magen und Darm rebellieren und wir fühlen uns unwohl oder leiden an Übergewicht, ohne zu wissen, was der Grund dafür ist.

Dabei ist intuitives Essen keine Kunst, sondern ein Genuss ohne schlechtes Gewissen. In vielen Fällen lassen sich dabei sogar eventuelle Lebensmittelunverträglichkeiten identifizieren, ohne dass gleich alle Warnsignale zusammenkommen müssen: Kommt es zum Beispiel nach dem Genuss einer Speise zu Hautausschlag oder Bauchschmerzen, kann das ein erster Hinweis darauf sein, dass man in Zukunft darauf verzichten oder zumindest die Menge etwas einschränken sollte. Dagegen können Appetit oder Heißhunger auf ein bestimmtes Nahrungsmittel ein Zeichen für einen bestehenden Mangel sein. Dann gilt es, genauer hinzuschauen.

Solche Erfahrungen helfen uns, intuitiv besser für uns zu sorgen, beeinflussen kurz- und langfristig unsere

Kauf- und Kochentscheidungen und machen uns selbstwirksam. Sie bestätigen die Volksweisheit: Du bist, was du isst. Ein Auto, das mit verunreinigtem Benzin fährt, bringt längst nicht die gleiche Leistung wie ein Auto, das einen Kraftstoff in Premiumqualität nutzt. So wie wir uns ernähren, so fühlen wir uns auch. Erinnern Sie sich an den Exkurs „Was der Darm kann" im ersten Kapitel dieses Buches oder lesen Sie die Stelle noch einmal kurz nach.

Top Five – Intuitiv essen

Stellen Sie Ihre Ernährungsweise auf den Prüfstand. Machen Sie Schluss mit dem Diätwahn und hören Sie stattdessen auch beim Essen mehr auf Ihren Bauch. Die folgenden fünf Grundsätze werden Ihnen dabei helfen:

1. Nutzen Sie bei der Auswahl und Zubereitung Ihrer Nahrungsmittel Ihr Wissen über eine ausgewogene Ernährung (Kopf), aber beachten Sie ebenso Ihre Vorlieben und Bedürfnisse (Bauch).
2. Wenn sich der Hunger einstellt, essen Sie achtsam und bewusst statt nebenbei. Essen Sie nicht aus Langeweile oder Frust, obwohl Sie keinen Hunger haben.
3. Genießen Sie Ihr Essen mit allen Ihren Sinnen.
4. Lassen Sie sich Zeit, damit sich ein angenehmes Gefühl der Sättigung einstellen kann, und hören Sie auf zu essen, wenn Sie dieses Sättigungsgefühl wahrnehmen.
5. Verbieten Sie sich nichts, aber reduzieren Sie besonders die Menge „ungesunder" Lebensmittel auf ein vernünftiges Maß.

Intuitiv zu essen ist nicht schwer. Sobald Sie sich mit dem Thema Intuition näher befassen, werden sich auch Ihre Essgewohnheiten automatisch etwas ändern, ganz einfach weil Sie mehr auf die Impulse aus Ihrem Innern vertrauen.

Stress als größter Feind der Intuition

Unser Darm steht über das Immun- und das Nervensystem sowie über Hormone mit dem Gehirn in Kontakt. Besonders involviert ist dabei das limbische System in der vorderen Hirnrinde, von außen betrachtet im Bereich der Stirn. Das ist das Areal, in dem Gefühle verarbeitet werden. Geht es auf der Datenautobahn zwischen Bauch und Kopf langfristig heiß her, sodass unser innerer Vermittler in Dauerstress gerät, kann es zu Störfunk kommen.

Stress ist der größte Feind unseres inneren Vermittlers. Zum einen werden Gefühle nicht mehr identifiziert oder fehlinterpretiert. Zum anderen wirbeln Gedanken im Kopf durcheinander und lassen sich nur schwer beruhigen. Dann ist das Wahrnehmen intuitiver Prozesse beinahe unmöglich. Unwohlsein, Bauchschmerzen, Blähungen, Durchfall oder Verstopfung können auftreten – ein Phänomen, das als Reizdarmsyndrom bezeichnet wird. Am anderen Ende der „Leitung" kann es zu Kopfschmerzen, Migräneanfällen oder Ohrgeräuschen kommen. Plötzlich will man nichts mehr sehen und hören. Das Einzige, was kurzfristig hilft, ist Ruhe – langfristig hilft ein konstruktiver Umgang mit Stress. Damit greifen Sie Ihrem inneren Vermittler unter die Arme und tun sich dabei selbst viel Gutes. Sie werden selbstwirksam!

Top Ten – Mit Stress umgehen

Es folgen zehn Vorschläge für einen angemessenen Umgang mit Stress und eine bessere Erholungskompetenz:

1. Machen Sie sich bewusst, dass Stress positive und negative Seiten hat: Als Eustress ist er ein wichtiger Motor zur persönlichen und beruflichen Weiterentwicklung. Als Distress sorgt er für Überforderung und raubt Lebensfreude.

2. Definieren Sie Ihre eigenen Ziele und Grenzen, am besten bevor der Stress zum Stolperstein wird und nicht erst, wenn alle Alarmglocken schrillen. Das nennt man Prävention.

3. Setzen Sie im Leben Ihre ganz eigenen Prioritäten und halten Sie daran fest, auch wenn andere Menschen andere Erwartungen an Sie haben. Es ist Ihr Leben und Sie dürfen es nach Ihren eigenen Vorstellungen gestalten.

4. Übernehmen Sie Verantwortung für Ihr Tun. So fördern Sie nicht nur Ihre Selbstwirksamkeit, sondern steigern auch den Grad Ihrer Selbstbestimmung.

5. Schaffen Sie sich Freiräume, um der täglichen Routine zu entkommen. Wenn es Ihnen schwerfällt, Zeit zur eigenen Verfügung zu generieren, dann verabreden Sie sich einmal ganz bewusst mit sich selbst.

6. Pflegen Sie ein gutes Verhältnis zu Ihren Gefühlen. Lassen Sie sich die wertvollen Erfahrungen, die aus der Resonanz zu Ihrem Bauchhirn resultieren, nicht nehmen.

7. Sorgen Sie von Zeit zu Zeit dafür, dass Sie den Kopf freibekommen. Nutzen Sie dazu eine Tätigkeit, die Sie entspannt, oder meditieren Sie regelmäßig. Meditation ist eine hervorragende Möglichkeit, die Gedanken zur Ruhe und Körper und Geist miteinander in Einklang zu bringen.

8. Machen Sie sich Ihren inneren Vermittler zum Freund oder betrachten Sie ihn wertschätzend als Ihren treuen Diener.

9. Üben Sie sich in Selbstempathie, damit Sie mehr Verständnis und Fürsorge für sich entwickeln. Mit der Zeit entsteht daraus auch ein empathischer Umgang mit Ihren Mitmenschen und Ihrer Umwelt. Das begünstigt die Wechselbeziehung von Geben und Nehmen.

10. Machen Sie Selbstfürsorge zu einem Kernthema in Ihrem Leben. Denn nur, wenn Sie selbst gut für sich sorgen, können Sie Ihr Bestes geben. Vernachlässigen Sie dagegen Ihre Selbstfürsorge für einen längeren Zeitraum, brennen Sie wie eine Kerze aus.

Übung: Zehn Gebote der Anti-Stress-Praxis

Damit der Stress Sie nicht aus der Bahn wirft und Ihnen komplett den Zugang zur Quelle Ihrer Intuition verbaut, nehmen Sie die Top-Ten-Liste einmal genauer unter die Lupe. Nutzen Sie sie als Vorlage, um Strategien für Ihre ganz persönlichen Baustellen zu erarbeiten.

Streichen Sie Punkte, die Sie nicht für wichtig erachten, verändern Sie Aussagen, die Sie anders sehen, und unterstreichen Sie Sätze, die Ihnen in Ihrer aktuellen Lebenslage als besonders relevant erscheinen. Am Ende sollten es maximal zehn „Gebote" sein, gerne auch weniger.

Bringen Sie die Liste immer wieder auf den neusten Stand und bewahren Sie sie an einem strategisch günstigen Ort auf, an dem Sie sich regelmäßig aufhalten und Ihre Gebote im Blick haben. So lernen Sie, bei Bedarf richtig abzuschalten und mit mehr innerer Ruhe und Gelassenheit auf Widerstände von innen und außen zu reagieren.

Die Balance finden

Wie bereits erwähnt, ist unser Leben häufig geprägt von Komplexität, Überforderung und Eile. Es liegt an uns selbst, einen angemessenen Umgang mit diesen Hürden zu finden. Wenn Sie sich immer nur unten durchmogeln, statt die Hürden in Angriff zu nehmen, verlieren Sie schnell an Sprungkraft und kommen irgendwann gar nicht mehr von der Stelle. Versuchen Sie es mit einer Balance aus Offensive und Defensive, aus Anspannung und Entspannung oder aus der Sicht des Hatha Yoga aus Sonne (Ha) und Mond (tha). Dazu müssen Sie wissen, was Ihnen wirklich wichtig ist und worin Sie Ihre Energie investieren wollen. Auch die Dinge zu identifizieren, die keine echte Bedeutung für Sie haben, bringt Sie weiter. Wie Sie das am besten tun, erfahren Sie im folgenden Kapitel zum Thema Erfolg und Erfüllung.

Intuition ist eine wertvolle Ressource, die dazu beiträgt, dass Sie aus der Motivation der Selbstfürsorge heraus agieren und Ihre Selbstwirksamkeit erhöhen. Dabei sind ein guter Zugang zu den eigenen Emotionen und ein klarer Kopf ganz eindeutig von Vorteil. Beachten Sie dazu Folgendes:

30

- *Unterdrücken Sie nicht Ihre Emotionen, sondern lernen Sie, sie zu verstehen.*
- *Beobachten Sie Ihre Gedanken und nutzen Sie die Kraft positiven Denkens.*
- *Die Fähigkeit, ohne Verzicht maßvoll und gesund zu essen, stellt Sie intuitiv gut auf.*
- *Ein Übermaß an Stress bremst den inneren Vermittler aus. Ein gutes Stressmanagement zahlt sich daher immer aus.*

30 MINUTEN

3. Mit Intuition zu Erfolg und Erfüllung

Wenn wir selbstbestimmt entscheiden können und das Gefühl haben, nützlich zu sein, hat das nicht nur einen positiven Einfluss auf unsere Gesundheit, sondern auch auf unseren Erfolg. Wir haben dann die Gewissheit, ein erfülltes Leben zu führen. Dabei hilft uns das intuitive Potenzial, Ziele zu definieren, Prioritäten auszuloten und Entscheidungen für unseren weiteren Lebensweg zu treffen, die wir guten Gewissens mit unseren Wünschen und Vorstellungen vereinbaren können. Auch Dankbarkeit trägt zu unserer Zufriedenheit entscheidend bei. Außerdem erfahren Sie in diesem Kapitel, warum Intuition in der Führung sinnvoll ist, wie intuitive Beziehungspflege funktionieren kann und weshalb Tagträume ihre Berechtigung haben.

3.1 Mehr Selbstbestimmung durch die Kraft der Intuition

Mehr Einfluss darauf zu haben, in welche Richtung sich das eigene Leben entwickelt und wann man in einen Zug ein- oder wieder aussteigt, das wünschen sich viele Menschen. Machen wir uns nichts vor: Es lässt sich nicht alles nach eigenen Wünschen und Vorstellungen gestalten, aber doch wesentlich mehr, als den meisten bewusst ist. Genau hinschauen, Trägheit überwinden und ins Tun kommen, das ist die Lösung. Denn die Zukunft ist nicht vorherbestimmt. Sie liegt in unseren Händen.

Den Autopiloten ausschalten

Während früher materielle Dinge wie ein Haus, ein schickes Auto oder eine coole Yacht als Statussymbole galten, so ist es heute in erster Linie Zeit. Zeit, um zu leben und das Leben nach eigenen Wünschen zu gestalten. Unsere Lebensqualität hängt stark davon ab, inwieweit wir uns als fremdbestimmt erleben. Daher ist es durchaus sinnvoll, den Autopiloten auszuschalten und die Führung selbst zu übernehmen.

Nutzen Sie Ihre Intuition, um sich klar darüber zu werden, was genau Sie selbst bestimmen wollen. Das erscheint auf den ersten Blick banal, ist aber, wie ich aus meiner Erfahrung als Coach weiß, nicht immer so einfach. Loten Sie in der folgenden Übung achtsam aus, wann Ihnen der Autopilot eine Entlastung bringt und durchaus seine Berechtigung hat. Beschränken Sie diese Zeiten dennoch auf ein Minimum. Nehmen Sie stattdessen die vielen Möglichkeiten, proaktiv zu handeln und Ihr Leben selbst zu gestalten, bewusst wahr und zögern Sie nicht lange. Ihre Intuition wird Ihnen ein verlässlicher Begleiter sein.

Übung: Mindmap zur Selbstbestimmung
Tragen Sie Ihre Gedanken und Ideen zunächst stichpunktartig auf einem Blatt Papier zusammen. Was lassen Sie sich unter keinen Umständen aus der Hand nehmen? Wo wollen Sie dabei sein und mitbestimmen? Erstellen Sie eine Mindmap und tragen Sie Ihre Kernthemen ein. Wenn Sie keine Erfahrung mit Mindmaps haben, nutzen Sie gerne das Beispiel unten. Heben Sie die wichtigsten Aspekte farblich hervor. Falls etwas nicht auf Anhieb möglich ist, legen Sie Zwischenschritte fest

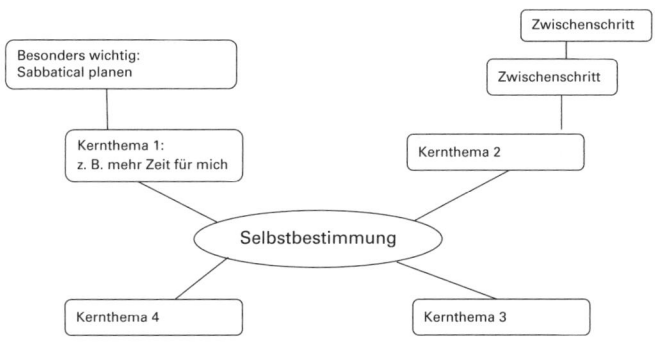

Beispiel für eine Mindmap

oder gehen noch mehr ins Detail. Hören Sie bei der Entscheidungsfindung sowohl auf Ihren Kopf als auch auf Ihren Bauch. So erstellen Sie eine eigene Landkarte. Sie legen Ihre Prioritäten fest und lernen unter Umständen auch Ihre Baustellen kennen.

Sich auf die Intuition verlassen

Sich beim Fällen von Entscheidungen oder beim Ausloten der Prioritäten auf die Intuition zu verlassen, vergrößert den Entscheidungsspielraum um ein Vielfaches. Sie werden zunehmend selbstsicherer, weil Sie nun zwei Instanzen haben, auf die Sie sich stützen können: Ihren Kopf und Ihren Bauch. Ihre Zufriedenheit mit Ihren Entscheidungen und deren Folgen nimmt zu.

Wenn Sie selbst merken, was gut für Sie ist, müssen Sie sich nicht mehr so oft an andere wenden und um Rat fragen. Stellen Sie anderen Menschen eine Frage, die Sie selbst betrifft, werden Sie eine Fülle an unterschiedlichen Antworten bekommen, weil jeder anders an die Frage herangeht und die Situation anders bewertet. Das wird Sie vermutlich zusätzlich verunsichern. Vertrauen Sie dagegen Ihrer eigenen inneren Stimme, ist die Wahrscheinlichkeit, einen Volltreffer zu landen, am größten. Intuition zeigt uns Mittel und Wege, um uns auf uns selbst einzuschwingen und unsere Schwerpunkte mit einem guten Bauchgefühl nach Bedarf (neu) zu setzen.

> **Tipp:** Den Zeitpunkt, an dem alles erledigt ist, wird es nicht geben. Vertagen Sie daher nicht die Entscheidungen, die Ihnen wichtig sind. Denn unter Umständen entsteht sonst ein Einflussvakuum, das von anderen gefüllt wird.

Intuition kann Ihnen dabei helfen, auf den Weg der Selbstbestimmung zu kommen und langfristig dort zu bleiben. Loten Sie dazu erst einmal Ihre Kernthemen aus und machen Sie sich dann proaktiv ans Werk, Dinge nach Ihrer Vorstellung bestmöglich zu gestalten. Sie werden daran wachsen und sich regelmäßig an Ihren Fortschritten erfreuen.

3.2 Mit Intuition auf Erfolgskurs in der Führung

Erfolg ist etwas, das wir uns alle wünschen, aber nicht alle in gleicher Weise definieren. Während der eine seinen Erfolg an den materiellen Gütern festmacht, gilt für den anderen persönliches Wachstum als Hauptgewinn. Ganz gleich, was Sie persönlich mit Erfolg gleichsetzen, Intuition kann Ihnen dabei behilflich sein, die eigenen Wünsche und Ideen zu verwirklichen – sowohl auf dem Weg der Selbstführung als auch in einer Führungsposition in einem Unternehmen.

Intuition und Führung

Kennen Sie das Gefühl, sich zwischen zwei Optionen entscheiden zu müssen, von denen sich eine definitiv nicht gut anfühlt, ohne dass Sie dafür einen triftigen Grund nennen können? Nun, für Sie allein wäre das, nachdem Sie nun gelernt haben, auf Ihre Intuition zu vertrauen, vermutlich kein Problem mehr. Müssten Sie die Entscheidung jedoch vor Ihren Kollegen kundtun, sähe das wahrscheinlich etwas anders aus. Vielleicht würden Sie einen Grund vorschieben oder sich der Meinung der Mehrheit anschließen, statt auf Ihr Bauchgefühl zu vertrauen, um im Fall des Scheiterns nicht der allein Schuldige zu sein. Dabei wird Intuition auch in der Wirtschaft immer salonfähiger. Bei komplexen Fragestellungen reichen Hard Skills in Form von fachlicher Kompetenz nicht mehr aus. Achtsame innere Ausrichtung und systemische Fragestellungen liegen voll im Trend. So zählt auch die Intuition zu den wichtigen Soft Skills. Je mehr Optionen zur Auswahl stehen oder Meinungen vorhanden sind, desto wichtiger wird der innere Kompass. Daher sollten Führungskräfte die analytische Herangehensweise an ein Problem oder eine Entscheidung durch eine angemessene Dosis Bauchgefühl ergänzen.

Austausch auf Augenhöhe

Vorgesetzte, die über wenig Empathie verfügen oder diese bewusst im beruflichen Umfeld ausblenden, weil sie eine Autoritätsperson sein wollen, führen an den

Mitarbeitern vorbei. Moderne Formen der Zusammenarbeit erfordern die Bereitschaft, sich in den anderen hineinzuversetzen, um seine Beweggründe zu verstehen. Intuition ist dabei ebenfalls ein wichtiges Tool. Sie erlaubt, die Bedenken der Mitarbeiter und die Schwingungen der Gruppe aufzunehmen und darauf zu reagieren.

Ein erfolgreiches Team muss seinem Chef folgen. Dazu braucht es die Überzeugung, mit seinem Vorgesetzten auf dem richtigen Weg zu sein. Es funktioniert wie ein Tauschgeschäft: Fühlt sich der Mitarbeiter verstanden und gut abgeholt, ist er bereit, sein Bestes zu geben. Bleiben Wertschätzung und eine faire Entlohnung dagegen aus, lässt auch der Erfolg oftmals auf sich warten. Ein guter Unternehmer geht intuitiv an die Führungsaufgabe heran und schafft bereits im Vorfeld Rahmenbedingungen, die seine Mitarbeiter fördern und ihre Kreativität und Innovationskraft gedeihen lassen. Seine intuitive Wahrnehmung hilft ihm dabei, die richtigen Maßnahmen auszuwählen und entsprechende Anreize auszusuchen.

Mentalübung: Intuitive Beziehungspflege
Diese Übung hilft Ihnen dabei, die Beziehungen zu Ihren Mitarbeitern, Kollegen und anderen Personen aus Ihrem Berufsleben zu verbessern.

1. Kommen Sie in den Modus der Intuition. Schließen Sie entspannt Ihre Augen und nehmen Sie innerlich einen Kollegen, Kunden oder Mitarbeiter, den Sie besonders

gerne mögen oder zu dem Sie ein gutes Verhältnis haben, ins Visier. Lassen Sie eine Zeit lang Impulse auftauchen, die mit dieser Person in Verbindung stehen, und beobachten Sie achtsam. Was zeichnet diesen Menschen aus? Wie würden Sie ihn beschreiben? Welches Gefühl entsteht, wenn Sie an diese Person denken? Nehmen Sie intuitiv wahr, wie Sie Ihre Beziehung wertschätzen können, um sie in dieser Form weiter zu erhalten. Speichern Sie die Botschaft ab und lassen das Bild langsam wieder verblassen.

2. Im zweiten Schritt stellen Sie sich einen Kollegen oder Mitarbeiter vor, zu dem Sie eine distanzierte Beziehung haben, von dem Sie sich aber mehr Nähe in Form von Kooperation und Wertschätzung wünschen. Stellen Sie sich diese Person möglichst klar und deutlich vor Ihrem inneren Auge vor. Lassen Sie wieder Gefühle, Bilder und Assoziationen auftauchen, ohne zu werten. Fragen Sie sich intuitiv, wie es Ihnen gelingen kann, die Beziehung auf eine höhere Ebene zu heben. Auch wenn sich die Lösung nicht sofort zeigt oder etwas komplexer wirkt, entdecken Sie vielleicht einen ersten Ansatz.

3. Im dritten und letzten Schritt gehen Sie innerlich auf einen Kollegen zu, den Sie nicht leiden können, oder auf einen schwierigen Kunden. Stellen Sie sich intuitiv die Frage, wie Sie die Zusammenarbeit auf ein für beide Seiten angenehmes Niveau heben können, sodass beide Beteiligten davon profitieren. Setzen Sie die Impulse möglichst bald in die Tat um!

Tipp: Wenn Sie zu den Menschen gehören, die sich Ergebnisse gerne notieren, schreiben Sie sich die Impulse aus dieser Mentalübung auf und legen den Zettel in Ihre Agenda oder stecken Sie ihn zur Erinnerung in Ihre Hosentasche.

Es spricht nichts dagegen, die eigene Intuition als Führungskraft ernst zu nehmen und sie gezielt einzusetzen, ganz im Gegenteil: Intuition wird in der Wirtschaft immer salonfähiger. Denn erfolgreiche Führung braucht einen Austausch auf Augenhöhe, der nur dann gelingen kann, wenn die Rahmenbedingungen stimmen und Mitarbeiter sich verstanden und abgeholt fühlen.

30

3.3 Spiritualität als Weg zur Erfüllung

Wir wenden uns zunehmend von der Religion ab – entweder aus eigener Überzeugung oder weil uns das Radikale vieler Religionen abschreckt. Ihre offensichtlichen Fehlinterpretationen, die sich in Gewalttaten rund um den Globus äußern, beobachten wir täglich auf unseren Bildschirmen. Wen überrascht es da, dass viele mit Religion kaum noch etwas Gutes verbinden? Doch in unserer säkularen Welt werden unsere psychospirituellen Bedürfnisse kaum noch gestillt. Um diese Lücke zu füllen, bedarf es einer inneren Sinnsuche.

Intuitive Suche nach Kraftquellen

Spiritualität in Form von Sinnerleben fördert den Glauben, dass Dinge sich zum Guten wenden und letztlich alles einen Sinn hat, auch die schweren Zeiten des Lebens. Diese innere Haltung sorgt für einen gelasseneren Umgang mit Belastung und Stress.

Erkunden Sie intuitiv von Zeit zu Zeit Ihre spirituellen Bedürfnisse. Beantworten Sie dazu stichpunktartig folgende Impulsfragen:

Was in Ihrem Leben zählt wirklich und treibt Sie täglich an?

_____
_____
_____

Wer oder was macht Sie glücklich?

_____
_____
_____

Wie lässt sich dieses Potenzial stärker ausschöpfen, damit Sie aus vollem Herzen behaupten können, ein erfülltes Leben zu führen?

_____
_____
_____

Um diese Fragen beantworten zu können, braucht es eine Kooperation zwischen Kopf und Bauch!

Nutzen Sie Ihre Kraftquellen!

Es folgen einige Inspirationen, die Ihnen dabei helfen können, eigene Kraftquellen auszubauen:

1. Kultivieren Sie Achtsamkeit in allen Bereichen des Lebens: Beruf, Familie, Freunde, Freizeit, Selbstfürsorge.
2. Bauen Sie sich ein eigenes Glücksnetzwerk auf: Investieren Sie in Beziehungen und Freundschaften, die auf gegenseitigem Geben und Nehmen basieren.
3. Bringen Sie Bewegung in Ihr Leben. Sport ist in jeder Hinsicht eine Kraftquelle.
4. Seien Sie authentisch. Nichts raubt Ihnen mehr Energie, als sich ständig zu verbiegen.
5. Sorgen Sie für mehr Lebensfreude. Machen Sie das, was Ihnen besonders viel Spaß macht und Freude bereitet, mal geplant, mal spontan – mit anderen oder allein.
6. Seien Sie bereit, auch mal über den eigenen Schatten zu springen. Nichts steht einem mehr im Weg als die eigene Sturheit.
7. Lachen Sie viel und oft, gemeinsam mit anderen und auch mal über sich selbst. Lachen versetzt Sie nicht nur in eine gute Stimmung, sondern schafft Abstand zu den eigenen Schwächen und Alltagssorgen.

Viele Menschen können mit dem Begriff Spiritualität nichts anfangen, weil er so wenig griffig ist und unterschiedlich verstanden wird. Für mich persönlich steht Spiritualität für heilsame Seelenimpulse, die in die Intuition eingehen und auf diese Weise ein Gesamtbild ergeben. Ihre Definition von Spiritualität kann ganz anders ausfallen.

An dieser Stelle möchte ich Ihnen ein klassisches Mantra aus dem Yoga vorstellen, das ähnlich einem Gebet, jedoch ohne religiösen Beigeschmack, rezitiert oder gesungen werden kann.

Übung: Shanti

Setzen oder stellen Sie sich bewusst hin. Richten Sie Ihre Wirbelsäule auf und falten Sie Ihre Hände vor dem Unterbauch oder Ihrem Herzen oder legen Sie sie entspannt auf Ihre Oberschenkel. Wenn Sie mögen, schließen Sie Ihre Augen.

Singen oder rezitieren Sie folgenden Text: *Om, shanti, shanti, shanti.* Übersetzt aus dem Sanskrit (Altindischen) heißt das: Om (als Urklang), Frieden, Frieden, Frieden. Das erste „shanti" steht für den persönlichen, inneren Frieden. Das zweite stiftet Frieden in persönlichen Beziehungen, im Freundes- und Familienkreis. Das dritte „shanti" gilt dem Frieden der ganzen Welt.

Diese Vorstellung lässt sich mit einem inneren Bild von Wasserkreisen verbinden, die sich, ausgelöst durch einen Steinwurf, immer weiter ausdehnen.

Tipp: Für diese mentale Übung können Sie auch ein anderes Wort nutzen, das dem entspricht, was Sie sich intuitiv am meisten wünschen, wie zum Beispiel Liebe, Vertrauen, Sicherheit oder Gelassenheit.

Dankbarkeit als Kraftfutter für die Seele

Dankbarkeit löst Glücksgefühle in uns aus und sorgt für Zufriedenheit. Leider halten wir unser Leben mit all den Chancen und Möglichkeiten allzu oft für selbstverständlich und vergessen, diese wertzuschätzen. Bewusste Momente der Dankbarkeit können uns die Augen dafür öffnen, dass wir in einer privilegierten Situation sind, und einen achtsamen Umgang mit uns, unseren Mitmenschen, den Ressourcen und unserem Umfeld fördern. Machen Sie sich abends regelmäßig bewusst, was Ihnen im Laufe des Tages Gutes widerfahren ist und wofür Sie ganz besonders dankbar sind. Das kann eine nette Begegnung, eine positive Überraschung, eine gemeisterte Herausforderung oder ein materieller Gegenstand sein. Sich in Dankbarkeit zu üben ist eine zutiefst spirituelle Praxis. Sie lenkt unsere Aufmerksamkeit auf die positiven Seiten des Lebens. Dankbarkeit ist ein integraler Bestandteil eines erfüllten Lebens.

Tagträume

Tagträume sind etwas Wunderbares, sofern man Zeit für sie hat. Den ganzen Tag lang wach zu träumen ist sicher nicht erstrebenswert, aber ab und zu kann das Träumen mit offenen Augen ein wichtiges Instrument emotionaler Selbstregulierung sein. Es verschafft uns Trost, Sicherheit, Hoffnung oder Genuss und weist uns auf verborgene Wünsche und Sehnsüchte hin. Laut einer Harvard-Studie aus dem Jahr 2010 driften wir viel öfter ins Reich der Fantasie ab, als wir glauben. Tagträume sind prinzipiell leicht zugänglich. Es mögen zwar Bilder unseres Unterbewusstseins sein, doch zeigen sie sich uns bei vollem Bewusstsein. Obwohl wir nach innen wandern, bleiben wir in Kontakt mit der realen Umwelt. Manchmal sind Tagträume sogar effektiver als ein Stück Schokolade. In jedem Fall aber steigern sie unsere intuitive Kompetenz. Nutzen Sie dieses Wissen für eine Übung:

Übung: Tagträume

Beobachten Sie gezielt Ihre Tagträume und den Bereich, in dem sie angesiedelt sind: Beruf, Familie, Freizeit oder Liebe. Welche Szenarien kehren häufig wieder? Schauen Sie sich die Inhalte genauer an und vergleichen Sie diese mit der Realität. Wo liegt die Diskrepanz? Sie müssen nicht professionell Träume deuten können, um die grobe Richtung zu erkennen. Das Feintuning können Sie an Ihre Intuition delegieren. Wenn Sie erkannt haben, was Ihr inneres Selbst sich wünscht oder ändern möchte, kommen Sie ins Handeln. So übernehmen Sie Verantwortung und erreichen dadurch mehr Selbstbestimmung.

Setzen Sie Ihre Intuition als Leitstern ein, um selbstbestimmter zu leben und Ihr spirituelles Wohlbefinden zu fördern. Damit generieren Sie Erfolg – nicht zuletzt auch im Beruf, zum Beispiel als Führungskraft – und führen ein erfüllteres Leben.

- *Finden Sie heraus, in welchen Bereichen Ihres Lebens Ihnen Selbstbestimmung besonders wichtig ist und welche Schritte hier eine positive Veränderung bewirken können. Damit kommen Sie in Bewegung und somit Ihren Zielen etwas näher.*

- *Leben Sie im Hier und Jetzt, aber blenden Sie Ihre Tagträume nicht aus. Auch Tagträume haben ihre Berechtigung und weisen uns nicht selten auf geheime Sehnsüchte, Wünsche und Ängste hin.*

- *Üben Sie sich regelmäßig in Dankbarkeit. Es gibt immer Gründe, dankbar zu sein!*

30 MINUTEN

4. Intuition stärkt Ihr Charisma

Auf der Zieletappe Ihrer Reise möchte ich Ihnen zeigen, welchen Einfluss der innere Vermittler auf Ihre äußere Ausstrahlung hat und wie Sie durch Intuitionstraining dazu beitragen können, Ihre Wirkkraft zu stärken. Schauen wir uns dazu erst einmal an, was Charisma eigentlich ist und wodurch sich charismatische Menschen von anderen unterscheiden: Charisma ist kein aufgesetzter Hochstatus. Es hat auch nichts mit Intelligenz, Schönheitsidealen oder Statussymbolen zu tun. Charisma ist eine Wirkkraft von innen. Es entsteht aus dem Vertrauen in die eigenen Fähigkeiten, aus der Überzeugung, dass alles einen Sinn hat und dass man in der Lage ist, durch selbstbestimmtes Handeln den Herausforderungen des Alltags standzuhalten und das eigene Leben positiv zu lenken.

4.1 Der Charisma-Check

Kennen Sie diesen besonderen Moment, wenn eine Person den Raum betritt und scheinbar magisch alle Blicke auf sich zieht? Damit meine ich keine bekannten Persönlichkeiten, die allein aufgrund ihrer Prominenz wahrgenommen werden. Gemeint ist auch kein lautes Auftreten mit Pauken und Trompeten. Keiner geht voraus und ruft: „Der König/Die Königin kommt!" Es ist vielmehr die stille Präsenz, mit der die besagte Person den Raum betritt, die Art, wie sie den Raum einnimmt, und die Anziehungskraft, die von ihr ausgeht. Vielleicht gehören Sie zu genau dieser Spezies. Vielleicht suchen andere Menschen gezielt Ihre Gesellschaft, ohne dass Sie das bewusst wahrnehmen. Oder wünschen Sie sich selbst solche magischen Momente? Machen wir eine erste Bestandsaufnahme in Form einer Selbsteinschätzung:

Sind Sie charismatisch?	Ja	Nein
Gehen Sie mit einer positiven Grundeinstellung und einem Lächeln durchs Leben?		
Werden Sie von Kollegen, Freunden oder Nachbarn schnell wahrgenommen?		
Haben Sie das Gefühl, andere genießen Ihre Gesellschaft?		
Würden Sie Ihr Auftreten als selbstsicher und authentisch bezeichnen?		

Sprechen Sie andere Menschen auf Ihre positive Ausstrahlung an?		
Schätzen Sie sich selbst als charismatisch ein?		
Verbinden Sie Charisma mit einer inneren Stärke?		
Fällt es Ihnen leicht, Blickkontakt mit Ihrem Gegenüber zu halten?		
Stecken Sie Ihr Umfeld öfter mit Themen an, für die Sie leidenschaftlich brennen?		
Hören Ihnen andere gerne zu?		
Gesamt:		

Da ein Selbstbild durchaus etwas verzerrt sein kann, ist es ratsam, zusätzlich eine Person, die Ihnen nahesteht und es gut und auch ehrlich mit Ihnen meint, zu bitten, Sie anhand dieser Fragen einzuschätzen.

Wenn Sie selbst oder die andere Person mehr als fünf Fragen mit einem Ja beantworten konnten, dann besitzen Sie vermutlich bewusst oder noch unbewusst die Fähigkeit, Aufmerksamkeit auf sich zu lenken, weil Sie Positives ausstrahlen. Waren es dagegen mehr als fünf Nein-Antworten, dann kann Ihnen das Intuitionstraining auch in puncto Charisma auf die Sprünge helfen.

Tipp: Intuition macht authentisch, und Authentizität macht charismatisch. Sie brauchen sich für andere nicht zu verbiegen. Kaum etwas wirkt verlogener und unechter als ein Opportunist, der sich ständig nach anderen ausrichtet wie die Fahne nach dem Wind. Leben Sie daher Ihre persönlichen Werte und zeigen Sie sich den anderen mit Ecken und Kanten. Seien Sie einfach Sie selbst!

30 *Der Charisma-Check verrät Ihnen, ob Sie zu den charismatischen Menschen gehören. Bringen Sie auch in Erfahrung, wie andere Sie einschätzen. Bleiben Sie authentisch. Das macht Sie sympathischer, und Sie wirken oft allein dadurch schon charismatischer.*

4.2 Von Person zu Persönlichkeit

Jeder Mensch kann charismatisch sein. Manchen ist dieses Talent in die Wiege gelegt worden, andere brauchen etwas Motivation und Übung, um ihre Ausstrahlung zu verbessern.

Übung: Charismatische Vorbilder
Zählen Sie drei charismatische Menschen aus Wirtschaft, Politik, dem öffentlichen Leben oder Ihrem Bekanntenkreis auf. Überlegen Sie, wodurch sich diese Personen auszeichnen. Schauen Sie genau hin und machen Sie sich stichpunktartige Notizen:

Name: _____

Besonderheit: _____

Name: _____

Besonderheit: _____

Name: _____

Besonderheit: _____

Was charismatische Menschen auszeichnet

Charismatische Menschen kennen ihr Potenzial und nutzen es auch. Sie sind selbstbewusst und übernehmen Verantwortung für ihr Tun. Sie haben Ziele, die es jeden Tag wert sind, erneut nach ihnen zu streben. Sie haben einen wachen und offenen Geist und eine positive Haltung zum Leben. Ihre positive innere Haltung spiegelt sich durch eine aufrechte Körperhaltung nach außen wider. Ihre Botschaft ist klar, weil sie selbst mit sich im Reinen sind. Sie vertrauen ihren eigenen Fähigkeiten und ihrer Intuition. Sie kennen ihre Grenzen, überwinden oder akzeptieren diese, ohne sich als Opfer zu sehen.

Übung: Spontaner Perspektivwechsel

Um Grenzen zu überwinden, brauchen wir regelmäßig einen Perspektivwechsel. Wo immer Sie jetzt sitzen, stehen Sie auf und gehen Sie zum Fenster oder zum anderen Ende des Raumes. Drehen Sie sich um und betrachten Sie das Zimmer einen Moment lang aus einem anderen Blickwinkel. Ihre Gedanken werden sich verändern. Nutzen Sie diese kleine Übung immer dann, wenn etwas zu stagnieren droht. Sie hilft Ihnen auf die Sprünge und eröffnet Ihnen eine neue Perspektive. Vielleicht verhilft sie Ihnen sogar zu neuen Ideen oder Lösungsansätzen.

Charismatische Menschen kennen ihr Potenzial und nutzen es auch. Sie vertrauen ihrer Intuition – das sollten Sie auch tun. Beobachten Sie Menschen mit Charisma, um von Ihrer Außenwirkung zu lernen, und wechseln Sie öfter mal Ihre Perspektive, um Ihrem Denken eine neue Richtung zu geben.

4.3 Intuitionstraining macht Spaß

Intuition dient nicht nur als Hilfestellung, sie kann auch Spaß machen. Menschen, die einen guten Zugang zu ihrer Intuition haben, sehen die Welt oft mit anderen Augen. Sie Wissen um ihren inneren Schatz und bauen ihn stetig aus. So wie unser Gehirn weit mehr Kapazitäten hat, als wir tatsächlich nutzen, so kann die Intuition bis hin zur Fähigkeit der Vorahnung reichen: Wir haben das Gefühl, im Voraus zu wissen, was passieren wird, und es tritt tatsächlich auch so ein.

Übungen, die Spaß machen

Wenn Sie also Ihr Intuitionspotenzial erweitern wollen, probieren Sie die folgenden Übungen aus. Versuchen Sie nichts zu erzwingen. Lassen Sie sich spielerisch leiten und nehmen Sie sich etwas Zeit, damit es funktionieren kann.

Übung: Pfeile der Aufmerksamkeit

Wenn Sie das nächste Mal unterwegs sind, sei es in der Stadt oder auf einer Veranstaltung, stellen Sie intuitiv eine Verbindung zu anderen Menschen her und lassen Sie sie dies spüren. Indem Sie Ihre Aufmerksamkeit auf eine bestimmte Person richten, bündeln Sie Ihre Energie in die Richtung der „Zielperson" wie ein Laserstrahl. Achten Sie aber darauf, dass es sich um eine positive Energie handelt, die mit einem Lächeln verglichen werden kann, und kein Schadenszauber wie bei den Voodoo-Puppen. Lassen Sie den „Laser" etwas wirken. Sie werden überrascht sein, wie viele der Leute, die Sie auf diese Art anvisieren, aufschauen und sich nach Ihnen umdrehen werden. Lächeln Sie und genießen Sie, dass es so gut funktioniert!

Übung: Warteschlange

Es ist mal wieder so weit: Sie haben sich genau an der Kasse angestellt, an der es länger dauert als an allen anderen. Nutzen Sie die Zeit, um andere Menschen gezielt zu beobachten und ihre nächsten Handlungsschritte zu erkunden. Setzen Sie dazu gedanklich eine

Art „magische Brille" auf oder richten Sie Ihre Aufmerksamkeit auf die Person, die hinter Ihrem Rücken steht. Bringen Sie sich dazu in eine stabile Position und spüren Sie eine Weile bewusst nach hinten. Stellen Sie sich vor, Ihr Rücken sei ein Scanner, der das Bild abtastet und Ihnen eine Meldung darüber gibt, wer hinter Ihnen steht. Versuchen Sie anhand Ihrer intuitiven Verfassung zu ergründen, ob hinter Ihnen eine weibliche oder männliche Person steht, wie alt sie etwa ist, was sie trägt und ob Sie, wenn Sie sich gleich umdrehen, einen Augenkontakt herstellen werden. Und dann lassen Sie sich überraschen ...

Übung: Intuitives Malen
Wenn Sie gerne malen oder Skizzen erstellen, dann nehmen Sie ein Blatt Papier und einen Stift oder Pinsel zur Hand. Zeichnen oder malen Sie intuitiv etwas, ohne sich zuvor eine Vorstellung davon gemacht zu haben, was entstehen soll. Lassen Sie sich selbst überraschen und seien Sie offen für die Impulse, die aus Ihrem Inneren kommen. Alle Formen und Farben sind erlaubt. Schöpfen Sie aus Ihrer Fantasie und Ihrem Ideenreichtum. Und wenn Sie sich für gewöhnlich weigern, Dinge zu tun, ohne zuvor einen klaren Nutzen vor Augen zu haben, dann betrachten Sie diese Übung als eine Variante des Brainstormings, die die Fähigkeit fördert, kreative Lösungsansätze zu finden.

Das innere Kind

Wecken Sie das Kind in Ihnen. Wie bereits erwähnt, sind Kinder viel intuitiver unterwegs als Erwachsene. Sie nutzen ihre Intuition, um die Welt spielerisch zu entdecken und zu begreifen. Sie tun es mit einer Leichtigkeit, die uns Erwachsenen abhandengekommen ist. Holen Sie ein Stück dieser Leichtigkeit in Ihr Leben zurück, indem Sie ab und an das Planen und Hinterfragen ausblenden. Nehmen Sie wahr, was entsteht und wie es sich anfühlt. Künstler bezeichnen die Intuition als Grundlage der Kreativität, sie sind offen für die Inspiration von innen. Das können Sie auch.

Viel Spaß mit Ihrer Intuition!

Unsere gemeinsame Reise neigt sich nun dem Ende zu. Ich hoffe, Sie sind an Ihrem Ziel angekommen und betrachten diesen Ratgeber als eine Bereicherung. Wenn das der Fall ist, behalten Sie ihn in Ihrer Reichweite, um sich an das eine oder andere zu erinnern oder die Übungen nach Bedarf zu wiederholen. Empfehlen Sie dieses Büchlein weiter oder verschenken Sie es. Für Kinder gibt es Mitbringspiele, für Erwachsene sind Bücher wie dieses eine wertvolle Alternative zu Blumen und Pralinen.

Ich bedanke mich herzlich für Ihre Ausdauer und Aufmerksamkeit und wünsche Ihnen für die Zukunft viel Freude an Ihrer Intuition und den stimmigen Entscheidungen, die Sie ab heute treffen werden. Bleiben Sie dran!

30

Charisma ist eine Wirkkraft von innen. Sie drückt aus, was Sie denken und fühlen, wie Sie sich selbst sehen und welchen Platz Sie im Leben einnehmen. Ihre persönlichen Überzeugungen entscheiden darüber, ob Sie auf andere wie ein Magnet wirken. Jeder Mensch kann sein Charisma stärken, teils durch bestimmte Kernkompetenzen und teils durch ausgewählte Werkzeuge, etwa in Form von Übungen:

- *Nutzen Sie den Charisma-Check, um Ihr aktuelles Potenzial zu bestimmen. Lassen Sie sich auch von anderen einschätzen.*

- *Suchen Sie sich charismatische Menschen als Vorbilder aus. An ihnen können Sie sich in Bezug auf Gestik und Mimik als Werkzeug der Außenwirkung orientieren.*

- *Entwickeln Sie Spaß und Freude beim Intuitionstraining, nicht nur weil es einen Mehrwert in Ihrem Leben schafft, sondern auch weil Ihre Intuition ein unschätzbar wertvolles Geschenk ist und eine Quelle der Inspiration.*

Fast Reader

1. Kopf und Bauch: eine Allianz

Der innere Vermittler, der fleißig zwischen unserem Verstand und unseren Gefühlen hin- und herschaltet, hilft uns, in Kontakt mit unserer Intuition zu kommen. Ein intuitiver Zustand braucht Raum, um sich zu entfalten. Gehen Sie daher gezielt in den Entspannungsmodus. So aktivieren Sie Ihren sechsten Sinn.

Der Darm ist weitaus mehr als ein Verdauungsorgan – er spielt eine entscheidende Rolle für unser Wohlbefinden und hat den Namen „Bauchhirn" wahrlich verdient. Unser Bauchhirn ist wesentlich besser mit unserem Unterbewusstsein vernetzt als unser „Kopfhirn". Dadurch ist es viel flexibler und in der Lage, Lösungen für komplexe Probleme zu finden.

Intuition ist nicht zwangsweise spontan. Manche Entscheidungen brauchen eine Art Inkubationszeit und ein tiefes Verständnis der Situation. Viel wich-

*tiger, als schnell zu entscheiden, ist die Stimmig-
keit der Entscheidung. Wenn wir nur unserem
spontanen Gefühl nachgehen, kann das unter
Umständen böse enden. Der Kopf sollte in jedem
Fall mitentscheiden.*

30

**Schon seit Urzeiten wissen wir Menschen intui-
tiv, was die Forschung erst langsam entdeckt:
Unser Bauchgefühl hat einen entscheidenden
Anteil daran, wie es uns geht. Als sechster Sinn
bezeichnet, braucht die Intuition Raum und Zeit,
um sich zu entfalten. Gehen Sie dazu in den Entspannungsmodus und probieren sich in folgenden Übungen aus:**

- **Versuchen Sie, Bedürfnisse intuitiv zu erkennen.**
- **Nutzen Sie Farben als Symbole für Stimmungen und Lebensthemen.**
- **Versuchen Sie, Probleme intuitiv zu lösen. Beginnen Sie zunächst mit kleinen Herausforderungen.**
- **Halten Sie sowohl rationale Argumente als
  auch Ihr Bauchgefühl schriftlich fest.**
- **Schulen Sie Ihre Wahrnehmung, indem Sie bewusst andere Menschen beobachten.**

2. Intuition fördert Ihre Gesundheit

Emotionen sind der Schlüssel zu den Botschaften unseres Körpers. Sie drücken unsere Sehnsüchte und Wünsche aus und bilden die Grundlage moralischen Handelns. Sich gegen die eigenen Gefühle aufzulehnen oder sie zu unterdrücken, führt zu einer negativen Dynamik. Wesentlich sinnvoller ist es, die eigenen Gefühle anzuschauen und zu verstehen.

Die Qualität unserer Gedanken bestimmt über die Qualität unseres Lebens. Destruktive Gedanken schwächen und verunsichern uns, konstruktive dagegen lenken unsere Aufmerksamkeit auf positive Aspekte und richten uns wieder auf, selbst wenn uns das Leben zeitweise in die Knie zwingt.

Intuition ist eine wertvolle Ressource, die dazu beiträgt, dass Sie aus der Motivation der Selbstfürsorge heraus agieren und Selbstwirksamkeit anwachsen lassen.

30

- ***Auch die Fähigkeit, ohne Verzicht maßvoll und gesund zu essen, stellt Sie intuitiv gut auf. Versuchen Sie, Ihre Ernährung intuitiv zu gestalten, und vergessen Sie ab heute Diäten.***

- ***Ein Übermaß an Stress bremst den inneren Vermittler aus. Ein gutes Stressmanagement zahlt sich daher immer aus, fördert Ihre Ge-***

sundheit und steigert zweifelsohne Ihre Lebenszufriedenheit.

3. Mit Intuition zu mehr Erfolg und Erfüllung

Intuition kann Ihnen dabei helfen, auf den Weg der Selbstbestimmung zu kommen und langfristig dort zu bleiben. Loten Sie dazu erst einmal Ihre Kernthemen aus und machen sich dann proaktiv ans Werk, Dinge nach Ihrer Vorstellung bestmöglich zu gestalten. Sie werden daran wachsen und sich regelmäßig an Ihren Fortschritten erfreuen.

Es spricht nichts dagegen, auch als Führungskraft die eigene Intuition ernst zu nehmen und sie gezielt zum Einsatz zu bringen, ganz im Gegenteil: Intuition wird in der Wirtschaft immer salonfähiger. Denn erfolgreiche Führung braucht einen Austausch auf Augenhöhe, der allerdings nur dann gelingen kann, wenn die Rahmenbedingungen stimmen und Mitarbeiter sich verstanden und abgeholt fühlen.

30 **Setzen Sie Ihre Intuition als Leitstern ein, um selbstbestimmter zu leben und Ihr spirituelles Wohlbefinden zu fördern. Damit generieren Sie Erfolg und haben das Gefühl, ein erfülltes Leben zu führen.**

- *Mindmaps helfen Ihnen dabei, herauszufinden, in welchen Lebensbereichen Ihnen Selbstbestimmung wichtig ist und wie Sie diese erreichen können.*
- *Leben Sie im Hier und Jetzt, aber blenden Sie Ihre Tagträume nicht aus. Auch sie haben ihre Berechtigung und weisen uns nicht selten auf geheime Sehnsüchte, Wünsche und Ängste hin.*
- *Üben Sie sich regelmäßig in Dankbarkeit. Es gibt immer Gründe, dankbar zu sein!*

4 Intuition stärkt Ihr Charisma

Glauben Sie, dass Sie zu den charismatischen Menschen gehören? Versuchen Sie, das einzuschätzen, und holen Sie dazu auch Feedback von anderen ein. Bleiben Sie auf jeden Fall authentisch. Das macht Sie sympathischer und oft allein dadurch schon charismatischer.

Charismatische Menschen kennen ihr Potenzial und nutzen es auch. Sie vertrauen ihrer Intuition – das sollten Sie auch tun. Beobachten Sie Menschen mit Charisma, um von ihrer Außenwirkung zu lernen, und wechseln Sie öfter mal Ihre Perspektive, um Ihrem Denken eine neue Richtung zu geben.

Charisma ist eine Wirkkraft von innen. Sie drückt aus, was Sie denken und fühlen, wie Sie sich

selbst sehen und welchen Platz Sie im Leben einnehmen. Ihre persönlichen Überzeugungen entscheiden darüber, ob Sie auf andere wie ein Magnet wirken.

30 **Entwickeln Sie Spaß und Freude beim Intuitionstraining,**
- **weil es einen Mehrwert in Ihrem Leben schafft,**
- **weil es Ihr Charisma stärkt,**
- **weil es ein unschätzbares Geschenk und eine
  Quelle der Inspiration ist.**

Die Autorin

 Monika Alicja Pohl ist Inhaberin und Geschäftsführerin der Physioyoga Akademie und Autorin zahlreicher Ratgeber zum Thema Persönlichkeit und Lebenshilfe. Ihr Hauptanliegen ist es, in der Unternehmenskultur ein Bewusstsein für die Soft Skills zu schaffen und zugleich Menschen zu mehr Selbstfürsorge zu ermutigen. Ihre Überzeugung: Nur wer gut für sich selbst sorgt, kann sein Bestes geben!

Es ist ihre Leidenschaft, Menschen in Veränderungsprozessen zu begleiten und zu neuen Gedanken und Verhaltensformen zu ermutigen. Vor diesem Hintergrund bietet sie Vorträge, Coachings und Inhouse-Schulungen an.

Kontakt:
Monika A. Pohl
Weiler Weg 22
53859 Niederkassel
www.monikapohl.de
www.physioyoga.com

Weiterführende Literatur

- Enders, G.: Darm mit Charme. Alles über ein unterschätztes Organ. 23. Auflage, Ullstein Verlag, Berlin, 2014

- Gawain, S.: Entwickle deine Intuition. Ullstein Verlag, Berlin, 2004

- Gigerenzer, Prof. Dr. G./Gaissmaier, Dr. W.: Intuition und Führung. Bertelsmann Stiftung, Gütersloh, 2012

- Govinda, K.: Chakra Praxisbuch. 3. Auflage, Irisiana Verlag, München, 2014

- Lyubomirsky, S.: The How of Happiness. Penguin Press, London, 2008

- Killingsworth, M. A. /Gilbert D. T.: A Wandering Mind Is an Unhappy Mind, Fachzeitschrift Science, 2010

- Pohl M. A.: 30 Minuten Gelassenheit. 2. Auflage, GABAL Verlag, Offenbach, 2016

- Pohl, M. A.: Selbstbestimmung. Raus aus der Fremdbestimmung, rein ins selbstbestimmte Leben – ein Erfolgstraining. GABAL Verlag, Offenbach, 2016

- Rankin, Dr. med. L.: Mind over Medicine. Warum Gedanken oft stärker sind als Medizin. Kösel Verlag, München, 2014

Quellen der in Kapitel 2.1 abgebildeten Emojis:
- https://commons.wikimedia.org/wiki/Emoji? uselang#/media/File:Twemoji_1f600.svg

- https://commons.wikimedia.org/wiki/Emoji? uselang#/media/File:Twemoji_1f601.svg

- https://commons.wikimedia.org/wiki/Emoji? uselang#/media/File:Twemoji_1f61b.svg

- https://commons.wikimedia.org/wiki/Emoji? uselang#/media/File:Twemoji_1f629.svg

- https://commons.wikimedia.org/wiki/Emoji? uselang#/media/File:Twemoji_1f602.svg

Register